中西 哲 株式会社ディールクリエイション 代表取締役
博士（経営管理学）
Tetsu Nakanishi

ファイナンス業務エッセンシャルズ

財務戦略の形成と実践

FINANCIAL STRATEGY & EXECUTION

SOGO HOREI PUBLISHING CO., LTD

はじめに

本書のタイトルは「ファイナンス業務エッセンシャルズ」としている。あえて「業務」とつけた理由は、数あるファイナンス系の著書の中で本書の立ち位置を明確にしたかったためである。本書の内容は研究成果を報告するものではなく、ファイナンス研究を体系的に解説するものでもない。あくまで企業のファイナンス業務に役立てていただくことを主眼にしている。もちろん、先行研究の理論が時折登場するが、それらは実務に有用と思われる筆者の独自の解釈によって構成されている。

企業の戦略にかかわる研究は、経営戦略、組織戦略、マーケティング戦略、人事戦略など多岐にわたっているが、財務戦略のみが投資のみならず資本の調達にも関わっている。それゆえ、学問としてのファイナンス研究は資本調達に関するテーマに傾注してきた印象がある。

しかし、現実の企業経営において経営者やファイナンス担当者は最初に「何に投資をするか」という問題に直面する。その後、「どうやって調達するか」という問題を議論するのである。したがって、ファイナンス業務を担うためには投資の問題、すなわち、経営戦略をはじめビジネスの質に関する知見を蓄積しなければならない。

翻って、世の中に流通しているファイナンス系の著書の多くは、ビジネスの質に関する議論が十分になされることなく、ファイナンス研究の学術的成果や資本調達の技法を解説するに留まっている。企業のファイナンス担当者も資本調達が自らの役割であると認識していることが多い。経営戦略とファイナンスを独立した学問や業務として捉えていると、ファイナンス業務は片手落ちとなる。ファイナンス業務が役割を果たすには、学問の領域や業務の領域を超えてビジネスの質への知見を積み重ねる必要があるのである。

実は筆者も長年にわたりファイナンス業務に従事し研究活動も行ってきたが、資本調達の問題を取り扱うのがファイナンス業務でありファイナンス研究であると認識していた。しかし、M＆Aのファイナンシャル・アドバイザリー業務やビジネス・デューディリジェンス業務、デットIRに伴う経営改善計画策定業務を行う中で投資側の問題を最初に検討していることに気づき、このような考えに至ったのである。

資本調達の方法は投資するビジネスの質に依存する。ビジネスの質を決定する経営戦略をバランス・シート上に具現化することがファイナンス業務なのである。

以上のような問題意識により、本書は企業の経営者やファイナンス業務に携わる財務部門に従事するCFO・社員の方々に利用いただくことを念頭において執筆している。おそらくファイナンス系の著書としてはユニークな内容になっているものと思う。また、文中には筆者の思いが強く表れている部分が見られ、情緒的表現を排除せず「読みもの」として読んでいただけるよう意図したつもりでいる。可能な限りポンチエをつくり、ビジュアルでご理解いただけるよう工夫もした。したがって、ファイナンス業務に関心をもつ学部生や前期課程の学生諸氏にも親しみをもって読んでいただけるものと確信している。

本書を読者のみなさまのお手元に置いていただき、アジェンダとして、テキストとしてご活用いただければ幸いである。

平成28年初夏　有楽町のオフィスにて

著者

本書の構成

本書の構成は、財務戦略形成に関する議論と実践に関する議論に大別される。財務戦略形成に関する議論はStrategy 1－2、実践に関する議論はExecution 1－2と頭出しをしており、それぞれ2章ずつ計4章で構成されている。

【第1章（Strategy1）戦略家としてのファイナンス担当者】

ファイナンス業務のミッション、コーポレート・ガバナンス、経営戦略と財務戦略、それに伴う外部環境と内部資源の関係について解説する。

財務戦略形成における基本的な概念・理論が含まれている。

【第2章（Strategy2）財務戦略の形成】

経営戦略がバランス・シートにどのようにブレイク・ダウンされるのかを述べた後、資本調達の類型について述べる。また、長期的な戦略形成と短期的な戦略形成に分けて、具体的な財務戦略形成に関する考え方を解説する。

【第3章（Executin1）M&A】

ファイナンス担当者のエグゼキューション業務としてM&Aを採り上げる。M&Aは多くのアドバイザーが関与することとなるが、ファイナンス担当者として全体の流れや株価算定方法などの概略を知っておく必要がある。

ファイナンス担当者はリスクをとる投資家として様々な視点でM&Aを検討しなければならない。それらの実務的知識・アイデアを網羅している。

【第4章（Execution2）デットーR】

ファイナンス担当者がもっとも直面するエグゼキューション業務が銀行との関係構築である。銀行の与信プロセスや基本的考え方を解説するとともに、シンジケート・ローンの組成、コベナンツ抵触時の対処法、さらには不適切会計があった場合の対応についても解説する。また、デット・リストラクチャリングが必要な際のスキームの検討方法や経営改善計画書の記載方法についても述べる。

CONTENTS

第2章 財務戦略の形成

STRATEGY 2

第3章 M&A

EXECUTION 1

EXECUTION 2

CONTENTS

装丁デザイン　折原カズヒロ
本文デザイン　飯富杏奈（Dogs Inc.）
本文DTP・図表制作　横内俊彦

第1章

戦略家としてのファイナンス担当者

STRATEGY 1

本章では不確実性やコーポレート・ガバナンスなどファイナンス業務に必要と思われる概念・理論を解説したのちに経営戦略と財務戦略の関係、外部環境と内部資源の分析方法を解説する。すべての読者にはじめに読んでいただきたい内容である。

ファイナンス業務の視座は将来に向いている。将来のことには不確実性があるため仮説思考で対処しなければならない。しかし、不確実性に挑んだ結果、勇ましく散ることは許されない。なぜなら、株主や銀行、従業員や取引先など数多くのステイク・ホルダーが企業の存在を支えているからである。ここに、コーポレート・ガバナンスの重要性があるのである。これは経営者に求められている視座とまったく同じである。

経営者の役割は経営戦略を構築することである。経営戦略は企業の行く末のグランドデザインを描くことであるが、具体的に「何に投資をするか」「どうやって調達するか」という問題は財務戦略が担うのである。

企業の経営は外部環境の影響を受ける。外部環境は常に変化し、その変化に組織や人材、製品などの内部資源を適用させていくことで企業は存続する。そのため、財務戦略を形成するためには外部環境と内部資源の分析が前提となる。

外部環境分析にはPEST分析という著名なフレームワークがある。しかし、分析対象がマクロ環境に限られているため現場との距離が遠すぎるという欠点がある。そこで筆者が実務を通じて考案したPEST－CCS分析を解説する。また、内部資源分析についてはVRIO分析を挙げ戦略の選択事例までを解説する。

先行研究には様々なフレームワークがあるが、それらはすべて限られた現象の中で有効性が認められたものである。説得力があり精度の高いフレームワークほどそのまま使えるケースが少ないのである。

企業が先行研究のフレームワークを利用する際には、そのフレームワークで示された型に嵌《は》めようとせずケースに応じて自由な発想で修正を加えて利用しなければならない。ここに学問を実務に援用することの難しさがある。

01 ファイナンス業務のミッション

不確実性への挑戦

将来の計画が実現するかどうかは誰にもわからない。ファイナンスの世界ではわからないことを「**不確実性**」と言う。

しかし、不確実性と言っても、その度合は様々である。明日の計画が実現するかどうかはわからないが、おおよそ計画通り実現するだろう。つまり、不確実性の度合は低い。しかし、同じ計画を1年後に実行しようとした場合、実現するかどうかは格段に不透明になる。明日の計画よりは不確実性の度合が高いと言える。これが3年後になると、さらに不確実性が高くなる。このように、不確実性は「**時間軸が遠くなればなるほどその度合が高くなる**」という性質を持つ。

　不確実性は時間軸のみならず**計画の質**も影響する。非常に難度の高い計画を立てた場合、たとえ明日の計画でも不確実性の度合は高くなる。ただし、難度の高い計画が実現したときのリターンは大きい。当然ながら、難度の低い計画を立てたときは、実現可能性が高くなり不確実性は低い。しかし、難度の低い計画が実現してもリターンは低いのである。

　このように、**ファイナンスの世界では計画に対する時間軸と質の両面を考慮して不確実性の度合を判断する。**不確実性の度合が高いということは計画が実現しないリスクが高くなることが予想され、同時にリターンが高くなることが予想される（図表1）。

　一般的な概念では「リスクが高い」というと、ネガティブな印象で語られることが多い。つまり、「ハイリスク・ローリターン」のイメージである。しかし、ファイナンスの世界では、**「ハイリスク・ハイリターン」**（すなわち、**「ローリスク・ローリターン」**）の原則で様々な問題を捉える。

　ハイリスクが予想されるときは、ハイリターンが予想されることを意味する。たとえば、新興ベンチャー企業に投資をすると、将来倒産して株券が紙屑になるかもしれないが、株価が何倍にもなる可能性がある。しかし、銀行に預金すると預金を返してもらえなくなる可能性はまずない。限りなくノー

図表1　不確実性とリスク・リターンの原則

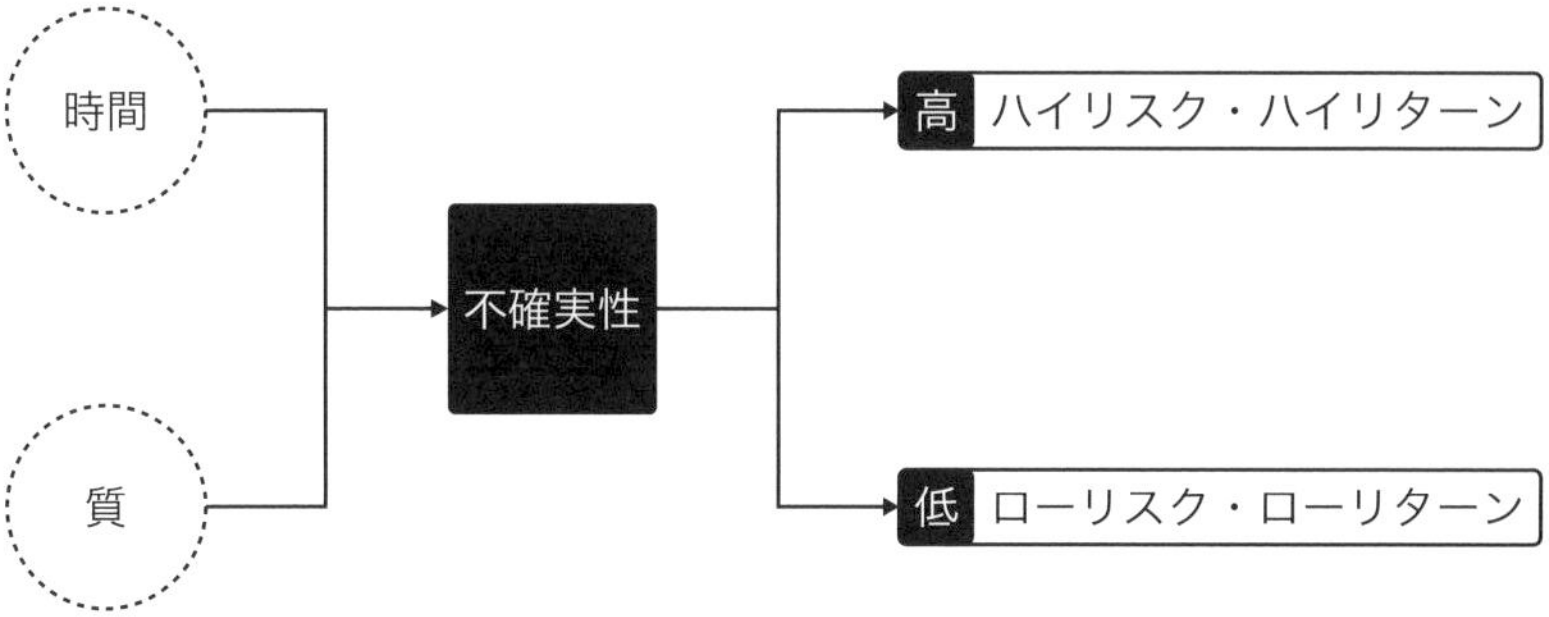

リスクに近い。ただし、将来のことは不確実であるため、ノーリスクではない。このため、わずかながらの利子がつく。

ところが、現実の投資機会では、この原則が崩れることがある。「ローリスク・ハイリターン」であったり、「ハイリスク・ローリターン」であったりする投資機会のことである。

このような投資機会をイメージするのに、「**資本市場線**」と言われるフレームを一部利用して説明する。

投資機会A及び投資機会B、さらに投資機会Cは、いずれもリスクとリターンが釣り合っており、資本市場線上に位置づけられる。ファイナンスの世界では資本市場線上にある投資機会はすべて同価値であるものと解釈する（図表2）。

- **〈リスク＝リターン〉投資機会A＝投資機会B＝投資機会C**
- **〈リスク＜リターン〉投資機会D**
- **〈リスク＞リターン〉投資機会E**

つまり、期待リターンが高いか低いかではなく、リスクとリターンのバラ

図表2　資本市場線と投資機会

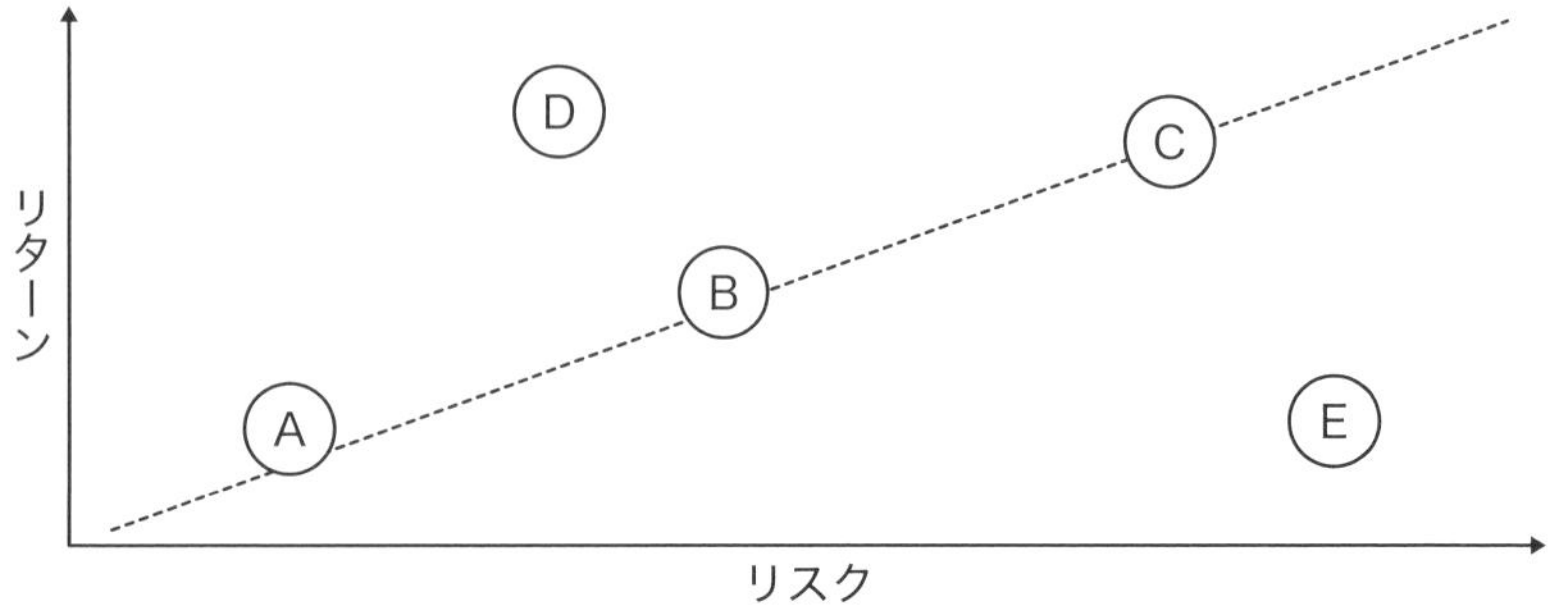

ンスで投資機会の価値を判断するのである。もちろん、投資家の方針が、リスクを抑えることを主眼に置き、かつ、一度しか投資機会がないということであれば、投資機会Aを選択するであろう。しかし、投資機会は何度でも訪れ、様々な選択肢が存在する。**ファイナンス業務では何度でも挑戦することが可能と考え、常に様々な選択肢が存在する前提で不確実性に挑戦する**のである。

ところで、投資機会Dを見てみよう。リスクとリターンが良い意味で釣り合っていない。ローリスク・ハイリターンである。資本市場線上にある投資機会より明らかに望ましい投資機会である。逆に投資機会Eではハイリスク・ローリターンである。このような投資機会に参加すべきでないことは言うまでもない。

では、なぜこのようにリスクとリターンが不釣り合いな投資機会が生まれるのだろうか。第一に挙げられる理由が、売り手と買い手の情報格差の問題である。売り手が実際の価値よりも高い価値があるように見せて売りに出した場合、ハイリスク・ローリターンの投資機会Eのような取引が成立する。売り手と買い手の情報格差の問題は「**情報の非対称性**」と呼ばれ、後に詳しく述べる。また、売り手と買い手の交渉力の問題も挙げられる。買い手に圧倒的な交渉力がある場合は、実際の価値よりも割安な価格で取引が成立しローリスク・ハイリターンの投資機会Dが生まれることになる。このように相対取引においては、個々の情報格差や交渉力などで、資本市場線では説明不可能な投資機会が生まれることになる。

また、市場全体の心理によって資本市場線が大きく傾くことがある。市場全体が将来の先行きに対して楽観的になった場合、将来の利益を早期に織り込む形で資本市場線の傾きが下がる（**スティープニング**）ことになる。このような状況を**リスク・オン**と言う。平成バブル時の不動産、ＩＴバブル時のＩＴ企業、最近ではアベノミクスと日銀による異次元緩和が発表された当初などがその例である。

市場全体がリスク・オンになると、従来よりもリスクに見合うリターンを求めなくなるのである。やがて、従来であれば「ハイリスク・ローリターン」と見做されていた投資機会Eのポイントであっても、リスク・リターンが釣り合っていると見做されることとなり、資本市場線が下がることとなる（図表3）。

リスク・オン時の市場参加者は将来リターンの上昇が期待されることを前提に、従来以上にリスクを取りに行っているのである。

図表3　資本市場線とリスク・オン

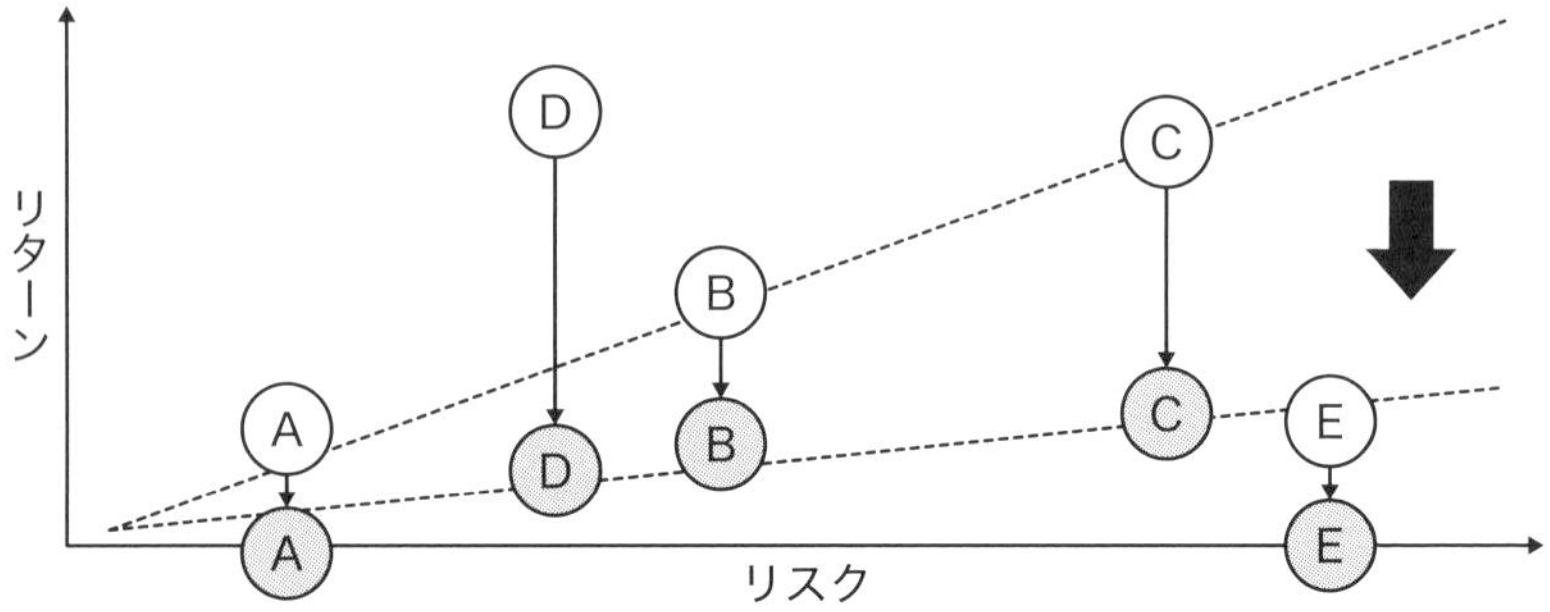

当然のことながら、デフレ局面などで市場全体が**リスク・オフ**となる局面もある。リスク・オフの局面では資本市場線の傾きが上がる(**ワイドニング**)こととなる。将来のリターンが減少することを期待（※注1）しているため、リスクを取りに行かなくなるのである。

リスク・リターンと価格の関係

では、リスク・リターンの変化がどのように反映されるのであろうか。当然のことながら様々な財・サービスの価格は市場で決定される。この問題を収益ビル投資を事例に考えてみよう。

ここに所在地の異なるオフィスビルがある。一つは東京の丸の内に所在、もう一つは神戸市の三宮に所在するとしよう。いずれも年間家賃は満室ベースで4800万円を得られる。つまり、収入の額は同一である。しかし、両者は同価格ではない。リスクの相違があるからである。三宮も大都市圏にあるオフィス街であり、空き室リスクが低い。しかし、日本一のオフィス街である丸の内の方が三宮よりも空き室リスクが低いことは明らかである(図表4)。

丸の内の空き室リスクから想定して、市場は4％のリターンを期待してい

(※注1)「期待」とは「予測」を意味している。一般的な会話では「期待」という言葉はポジティブな意味で使うことが多いため、混同しないように留意が必要である。

る。結果として、12億円という価格になる。

（収入）4800万円÷（期待リターン）4％＝（価格）12億円

一方、三宮の空き室リスクから想定して、市場は6％のリターンを期待している。結果として価格は8億円となる。

（収入）4800万円÷（期待リターン）6％＝（価格）8億円

期待リターンがそれぞれ市場のコンセンサスだった場合、丸の内のビルを12億円で買うことと、三宮のビルを8億円で買うことは同価値である。同じ収入だとしても、リスクの質に応じて期待リターンが異なるのである。先の資本市場線で言えば、丸の内のビルが投資機会A、三

図表4　価格と利回りの関係

丸の内オフィスビル　価格：12 億円　利回り４％

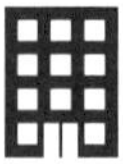

所在：東京都千代田区丸の内
賃貸面積：100 坪
賃料坪単価：４万円
年間賃料：4800 万円

三宮オフィスビル　価格：８億円　利回り６％

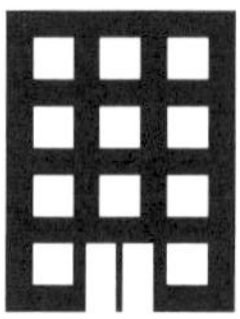

所在：兵庫県神戸市中央区
賃貸面積：400 坪
賃料坪単価：１万円
年間賃料：4800 万円

宮のビルが投資機会Bということになる。

また、市場全体がリスク・オンになる局面では資本市場線が下がるとの説明をした。これは丸の内のビルの期待リターンが4％から3％に、三宮のビルの期待リターンが6％から5％に下がることを意味している。

このときの市場の心理は「期待リターンが下がってでも欲しい」というものではない。丸の内のビルを3％のリターンで購入するということは現在の収入4800万円に対して16億円で購入するということである。これはやがて賃料そのものが上昇し、収入が6400万円になれば4％のリターンを毎年得ることとなる。投資対象からの収入が増えることが期待されていることを意味している。将来の増収増益が期待される企業の株価が上昇することと同じである。

話を戻そう。「丸の内のビルなら4％程度のリターンが欲しい」という考えは、丸の内のオフィス賃料相場に対する理解が必要である。丸の内のビルという投資対象を取り巻く外部環境に対する理解、それらを踏まえた賃料相場や競合ビルの期待リターンのトレンドなどに精通していなければ12億円という価格の妥当性は見出せない。つまり、投資対象のビル賃貸業というビジネスの質に理解がなければならないのである。

銀行や証券会社などの金融ビジネスマンと企業のファイナンス担当者の違いは、ビジネスの質に対する理解である。金融の技術的な知見よりも、**ビジネスを取り巻く外部環境や内部資源に対して深い洞察力を持つからこそ、企業のファイナンス担当者としての価値がある**のだ。ビジネスの質への理解はファイナンス理論のみならず、経営戦略論の知見も必要となる。

財務戦略を形成するファイナンス担当者はビジネスの質への学習を絶えず行う戦略家でなければならないのである。

ファイナンス担当者とファイナンス業務

ここで、ファイナンス担当者とは誰を指すのか定義しておこう。

企業の組織は取締役会を頂点に様々な部門が紐づいている。取締役会の指示に従い各部門長が個々の業務をマネジメントしている。一般に取締役には管掌業務があり、ファイナンス業務は財務担当取締役が統括していることが多い。ファイナンス担当者とは財務担当取締役を頂点とするピラミッドの構成員のことを言う（図表5）。

それでは、ファイナンス業務とはどのようなものであろうか。先に述べた

図表5　ファイナンス担当者

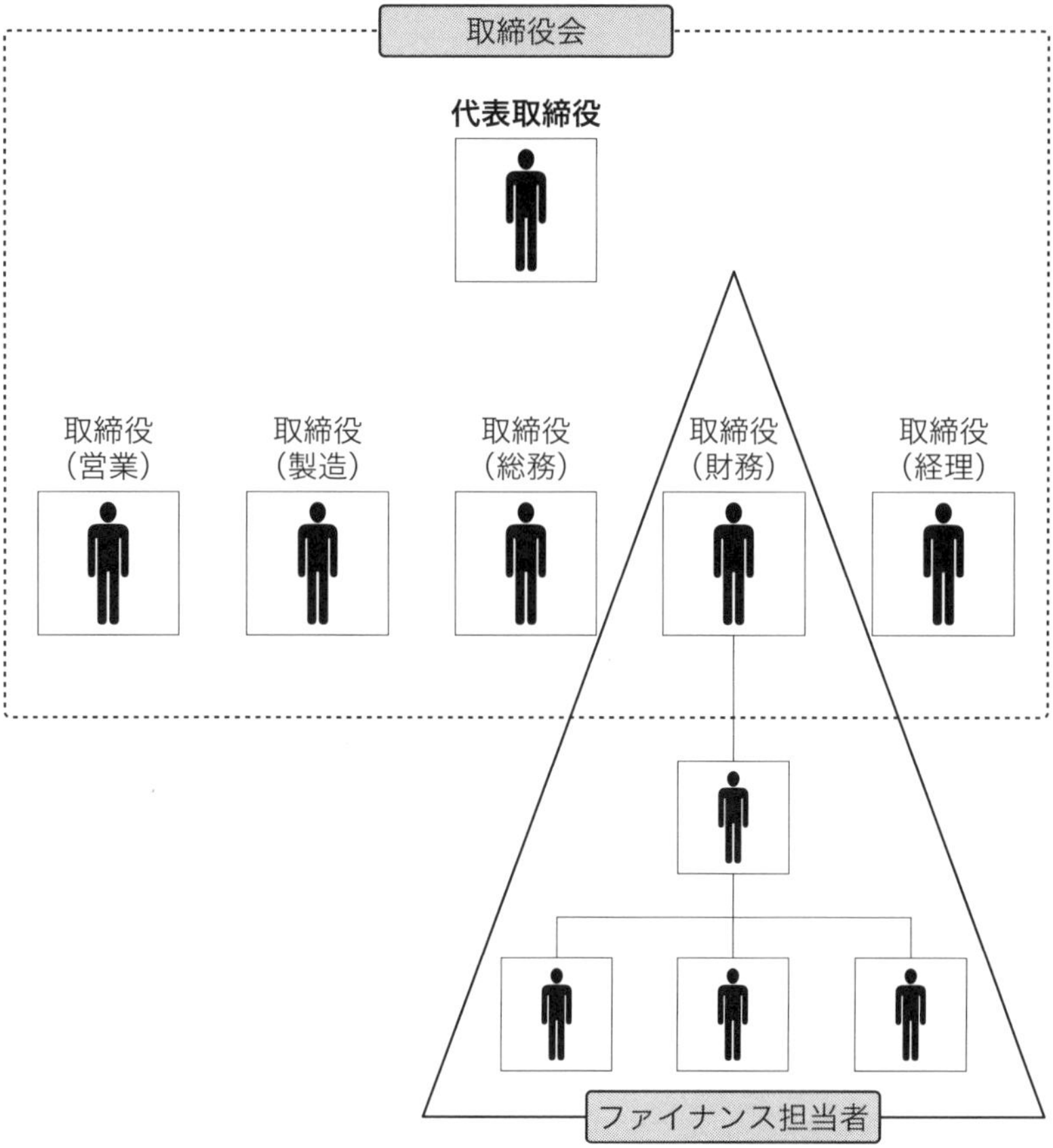

ように、ファイナンス業務は将来の事象を取り扱う。取締役会が描く将来の自社の絵姿を実現するためには、**具体的に何に投資をしていくのか**、そして**その資本をどのように調達するのか**、という問題を意思決定せねばならない（※注2）。これが**財務戦略**である。さらに、財務戦略を実行する**エグゼキューション業務**も求められる。

すなわち、**ファイナンス業務の役割は、財務戦略の形成及び実行**なのである。財務戦略とは経営戦略をバランス・シートのレベルにブレイク・ダウンしたものである。したがって、**財務戦略はトップ・マネジメントが担う経営戦略を具現化する役割を担っている**のである（図表6）。

戦略的行動と仮説思考

経営戦略にせよ財務戦略にせよ、あるいは人材戦略にせよ、あらゆるテーマに対して「**戦略**」という言葉が用いられる。「戦略とは何か」という問いかけには数多くの研究者が様々な定義をしているが、煎じ詰めれば次のように定義できよう。

（※注2）ブリーリー・マイヤーズ共著『コーポレート・ファイナンス（上）』（日経BP社刊）

「戦略とは、将来に備えて予め対処すること」

では、戦略の反対語は何であろうか。残念ながら辞書を見ても反対語は存在しない。ただ、意味から推測すると、次のような行動が反対語に相当する。

「過去に起こった出来事に後から対処すること」

言葉は悪いが「事後的行動」ということになる。日常生活では生活を取り巻く様々な出来事に追われ、事後的行動をとっていることが多い。ビジネスにおいても、ルーティン業務に忙殺されていると、事後的行動にならざるを得ない。事後的行動から脱却し、戦略的行動をとるためのキーワードが「**仮説思考**」である。仮説とは仮の結論のことを言う。なぜ「仮」なのかと言うと、「まだ結論と言えるかどうかわからない」からなのだ。つまり、将来の事象を想定しているから不確実性が存在するため、わからないのである。

仮説は突然湧いて出てくるものではない。過去に蓄積された様々な行動結果を分析すること、さらに、各自の経験や知識などが援用されることから創造されるものである（図表7）。

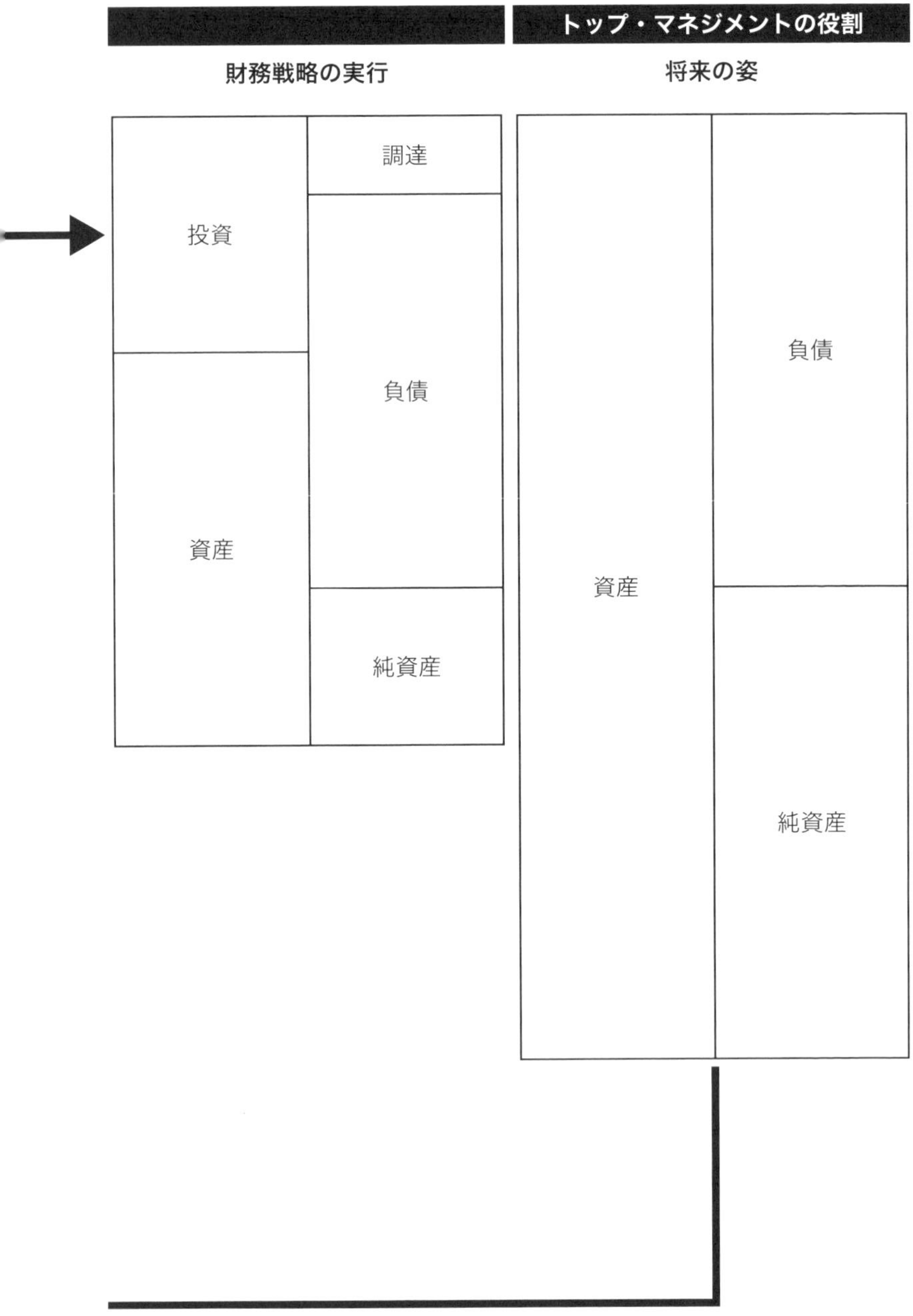
トップ・マネジメントの役割
財務戦略の実行
調達
投資
負債
資産
純資産
将来の姿
負債
資産
純資産

図表6　経営戦略と財務戦略

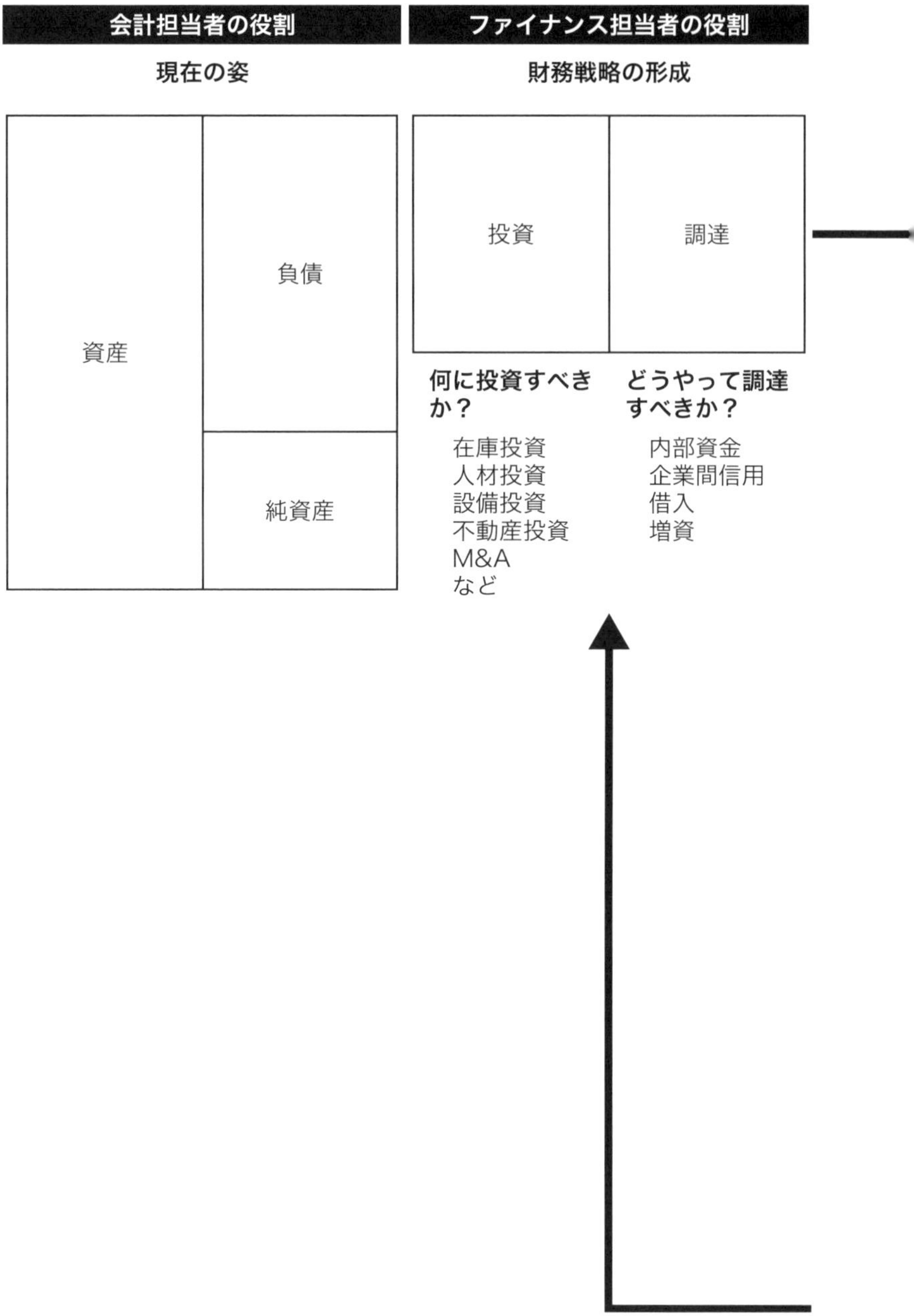

ファイナンス担当者には、戦略行動をとるための仮説思考が求められるのである。

パラドクス・パースペクティブ

ファイナンス業務は会計業務で策定された財務諸表に基づき、将来のバランス・シートの絵姿を表していく仕事である。将来のバランス・シートを実現するために、現在以降に実行すべきことを検討する。結果がどうなるかはやってみなければわからない。誰も保証できない事象を取り扱うのである。

ところで、絶対に失敗しない法則があるのをご存じだろうか。それは、不確実性に挑戦しなければ良いだけである。挑戦しなければ失敗することはないのである。そんなこと当たり前だと思うかもしれないが、中途半端に挑戦を美化する概念が頭の中に入っているからややこしくなるのである。人間は「挑戦しなければ絶対に失敗しない」という法則を本能的に知っているのである。したがって、大部分の人間は不確実なものには挑戦しないのである。

ファイナンス業務は不確実性への挑戦である。不確実性に挑戦し、企業価

図表7　仮説思考の概念

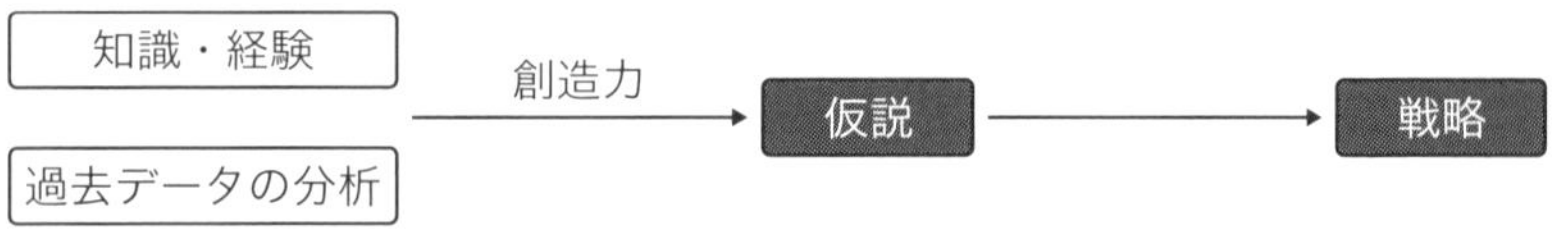

値最大化を目指すのである。しかし、企業価値を追求するあまり、企業を危機的状況に陥れてはならない。企業価値追求とともに倒産リスクも回避しなければならないのである。

企業価値最大化とは、利益の追求により実現する。利益は投資資産のリターンと調達資本のコストの差分であり、調達資本のコストを最小化することが企業価値の最大化につながる。後に詳しく述べるが、調達資本のコスト（資本コスト）は、節税効果もあるため借入による資本コストがもっとも低い。したがって、調達資本の構成を借入中心にすればするほど、企業の資本コストは最小化されていく。借入による資本調達は「**レバレッジ**」とも言われ、所有している自己資本以上の資本調達を行うことで大きな投資を行うことができるという魅力もある。

しかし、借入を活用した資本コストの最小化は負債依存の資本構成となることを意味している。つまり、過度な借入利用は倒産リスクの高まりをもたらすことにつながるのだ（図表8）。

したがって、ファイナンス業務においては「**企業価値の最大化と倒産リスクの最小化**」という相反する目標を両論併記し、その均衡点を見出す必要がある。相反する目標をともに目指していく視座を「**パラドクス・パースペク**

図表8　企業価値最大化行動と倒産リスク

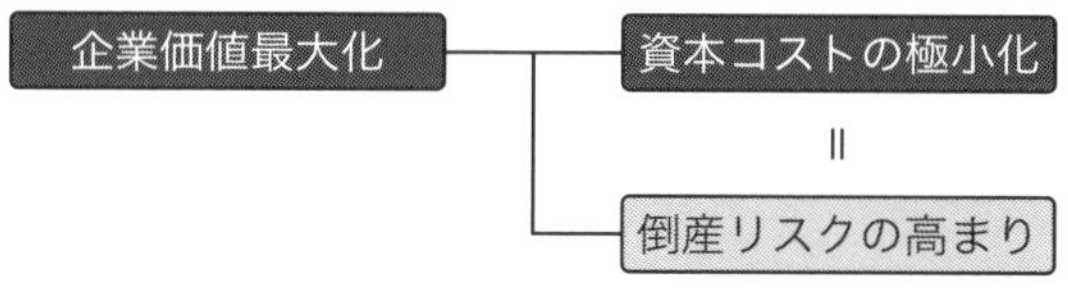

ティブ」と言う。ファイナンス業務におけるパラドクス・パースペクティブは、ビジネスのリスク・リターンの質を見極めつつ最適な資本構成を目指すことにより成り立つのである（図表9）。

リスクの高い事業に投資することは、それが企業の方針なのであれば決して悪いことではない。リスクの高い事業に投資するにもかかわらず負債に依拠した資本調達を行うことが悪いのである。逆にリスクの低い事業に投資するのに自己資本に依拠した資本調達を行うことは悪いことである。リスクが低いということはすなわちリターンも低いわけであり、資本コストの高い自己資本に依拠した資本調達を行っていては企業価値を最大化できないからである。

このように、ファイナンス担当者は、**挑戦するリスクの質に応じた最適な資本構成で調達することで、企業価値の最大化とリスク管理をともに追求することが求められる。**

図表9　ファイナンス業務のミッションとパラドクス・パースペクティブ

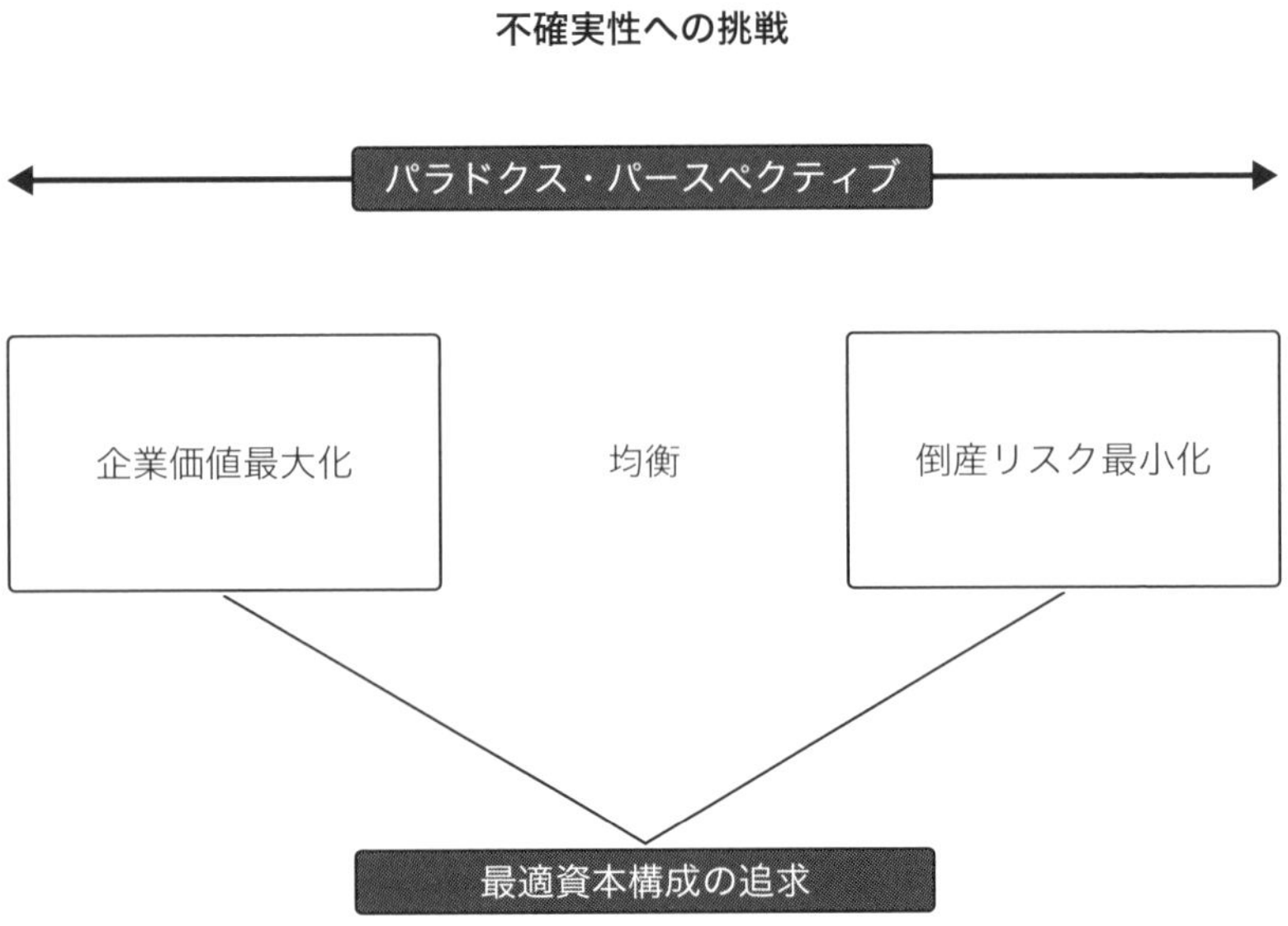

会計業務との相違点

ファイナンス業務と似て非なる業務として、会計業務が挙げられる。会計業務も財務諸表を取扱うため、ファイナンス業務と混同されているケースがある。また、会計業務とファイナンス業務を同一部署あるいは同一担当者が行っていることがある。この場合、思考の相違や視座の相違があるため、十分に機能しないことがあるので留意が必要である。

会計業務のミッションは、企業が過去に活動してきた結果を適切に記録することである。過去の出来事は変えようのない確実な事象である。会計業務は不確実性のない世界で業務を行っている。

それに対し、ファイナンス業務はまったく異なる思考回路で業務を行う。先に述べたように、**ファイナンス業務は将来の事象を取扱うため、その業務の答えがない。不確実性の世界で業務を行うこととなる。**

将来の不確実性に対峙するとき、過去の事象に囚われてはならないのである。将来の事象を取扱うということは、「**自社が将来どのような姿を目指すか**」という目標を具現化することを意味しており、過去の事象に将来の目標が制限されることがあってはならないのである。現在の時価総額が2億円の企業であっても、将来の時価総額１００億円を目指しても構わないのである。

しかし、いきなり2億円から１００億円に到達することは不可能である。まず、足元を確認し、直近で着手すべき投資は何か、そのために必要となる資本調達をどうするか、ということを検討するために過去の財務諸表を分析するのである。

過去の財務諸表を分析するに当たり、ファイナンス担当者に求められることは単なる財務分析や資金繰りの分析ではない。財務諸表は事業活動の結果を数字で表したものであり、無機質である。自己資本比率や営業利益率などの指標を持ち出して良い悪いを論じることに大きな意味はない。**ファイナンス担当者が財務諸表を分析するときは、無機質な数字をリアルなビジネスの結果として捉え、その絵姿を探索する能力が求められる。**

会計情報の重要性

ファイナンス業務のクオリティは会計業務のレベルに大きく依存する。会計情報に重大な不備があると、将来に向けた投資と調達の判断に誤りが生じる。

会計情報を構築するにあたり、「事業部別」「地域別」「製品別」「店舗別」というように、自由な切り口でBS、PLをセグメントできることが理想である。セグメント別のBS、PLがなければ、撤退や再投資を検討することができないからである。これは極めて重要な問題であり、財務戦略の形成に大きな影響を及ぼすのである。

02 コーポレート・ガバナンスとファイナンス業務の役割

コーポレート・ガバナンスとは、企業経営者が株主などのステイク・ホルダーの利益に忠実に業務を行い、長期的に企業価値向上を図るための制度設計などの議論のことを言う。ファイナンス担当者は、取締役であるか否かは問わず経営者と同じ視座で業務を行うことが求められるため、コーポレート・ガバナンスの主要な議論について理解をしておく必要がある。

また、コーポレート・ガバナンスの議論の中で「**情報の非対称性**」というキーワードが出てくる。これは資金の出し手である投資家と受け手である企業の間にある情報格差のことを言う。銀行借入の借り手と貸し手、M＆Aの買い手と売り手などファイナンス業務を実行する際にはあらゆる局面で情報の非対称性が問題となる。非常に重要な概念であることを念頭に置いていただきたい。

エージェンシー理論

【プリンシパル‐エージェント問題】

株主は企業の所有者であり、自分の替わりにうまく経営してくれる人物を経営者に任命し、経営を任せている。しかし、「経営者がどんな活動をしているのか」、また「今後どのような方向に進もうとしているのか」といった情報を完全に把握することは不可能である。すなわち、企業と株主の間には情報格差があり、企業の情報が完全に共有されていないのである。このことを「**情報の非対称性**」と言う。

経営者が株主の要求通りの経営をしているのかどうかはわからない。株主の意に反して、経営者は利己的な行動をとっているかもしれない。株主と経営者の間には、常に利益相反の可能性が潜んでいるのである。これを株主（プリンシパル／本人）と経営者（エージェント／代理人）の「**プリンシパル‐エージェント問題**」と言う。

たとえば、次のような例が挙げられる。

- 不必要に豪華な社長室を作るなど、企業の資金を無駄に消費する場合
- 投資機会があるにもかかわらず失敗を恐れて投資しない場合（過少投資問題）
- 短期的に飛躍的な成果を挙げる目的で過度な投資をする場合（過剰投資問題）
- 企業が抱える問題を十分に開示しない場合（不適切会計）

【エージェンシー・コスト】

プリンシパル‐エージェント問題を防ぐために、株主は経営者が保有している情報を把握するための余計なコストを負担することとなる。これを**エージェンシー・コスト**と言う。

そのうち、経営者の行動を把握し、監視するためのコストを**モニタリング・コスト**と言う。監査役会や取締役会の設置などの監視体制を整備するための費用がこれにあたる。

また、経営者の行動が株主の利益と整合性をもつように制約を加えるコストを**ボンディング・コスト**と言う。ストック・オプションの付与やディスクロージャー義務を課すことによる費用などがこれにあたる。

また、モニタリング・コストとボンディング・コストを除いたすべてのエージェンシー・コストを**残余コスト**と言う（図表10）。

ところで、プリンシパルたる株主は従業員や債権者などのステイク・ホルダーに支払った後のすべての残余利益を享受する権利を有している。プリンシパル‐エージェント問題が発生している状況下では、エージェンシー・コスト相当額が本来受け取るべき残余利益から控除される。このため、株主としてはエージェンシー・コストを抑制するよう働きかけるのである。

所有と経営が分離された企業の多くはプリンシパル‐エージェント問題を抱えている。逆に言えば、所有と経営が一致しているオーナー企業ではプリンシパル‐エージェント問題は発生しない。

しかし、所有と経営が一致しているオーナー企業にもプリンシパル‐エージェント問題がある。銀行は企業の所有者ではないものの、企業が銀行の意に反した資金の使い方をすることもあり、情報の非対称性が存在する。また、長きにわたり、日本では株主は「サイレント・パートナー」として、経営者に対して要求を突きつけない風土があった。むしろ、銀行の方が経営者に対してモノを言う風土があったことから、銀行をプリンシパルと見立て、銀行と経営者の情報の非対称性の議論が活発に行われてきた。実務的にもファイ

図表10　エージェンシー・コストの類型

エージェンシー・コスト	
モニタリング・コスト	経営者の行動を監視する費用
ボンディング・コスト	経営者の行動を株主の利益と一致させるための費用
残余コスト	その他一切のエージェンシー・コスト

ナンス担当者が対峙する金融市場のプレーヤーとして銀行の存在感は大きい。

金融市場とIR活動

ファイナンス担当者は、自社がいかなる投資を行うか、その結果いかなる結果が期待されるか、といった事業の予測に基づき資本調達方法を決定する。その際、自社に資本を提供してくれる金融市場から資本調達を行う役割も担っている。

金融市場のプレーヤーである株主や銀行と企業の間には、情報の非対称性の問題があるため、企業側を代表するファイナンス担当者には株主や銀行と良好な関係を構築するとともに、わかりやすく自社の内容を伝え、情報の非対称性を低減する努力が求められる。これを**IR活動**（Investors Relation）と言う（図表11）。

IR活動は大きく2つに大別される。株主に対するI

図表11　金融市場とIR活動

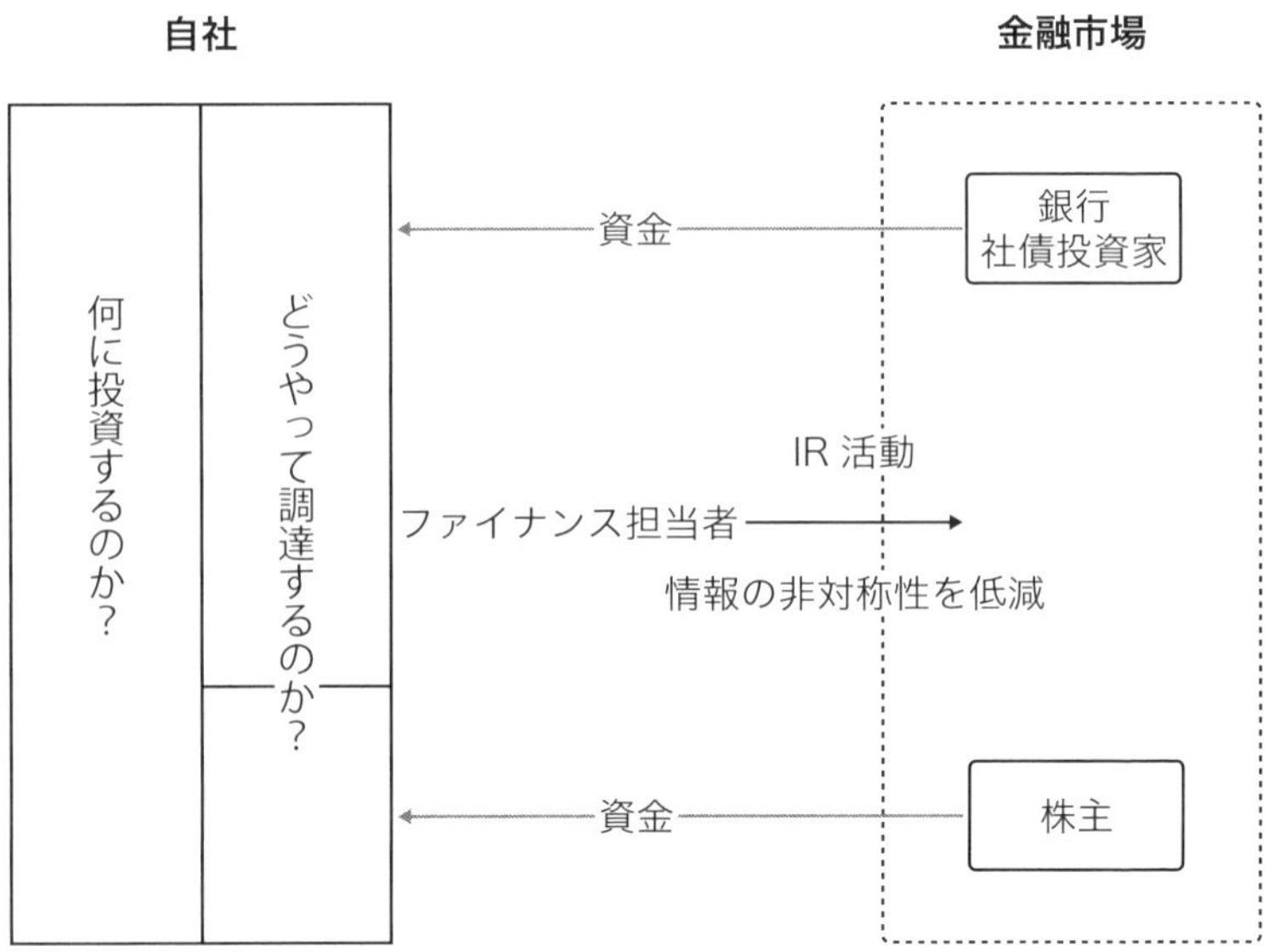

Ｒ活動を**エクイティIR**（もしくは単にＩＲ）と言い、銀行に対するＩＲ活動を**デットIR**と言う。株主は将来の値上がりに関心があるため、「**事業の将来性を評価**」する。他方、銀行は債権回収に関心があるため、「**返済能力を評価**」する。つまり、株主には自社のビジョンを魅力的に語る必要がある一方、銀行には自社の内容を現実的に語る必要があるのだ。したがって、エクイティＩＲとデットＩＲでは異なる視点でのアプローチが必要となる。自分が言いたいことではなく、資金提供をしてくれる相手方の知りたいことを詳細にプレゼンするのである。ファイナンス担当者によるＩＲ活動は**情報の非対称性を低減することにより資本調達コストの最小化を図る**ことが目的なのである（図表12）。

なお、デットＩＲについては、別途詳細に説明する。

図表12　エクイティIRとデットIRの異なる視座

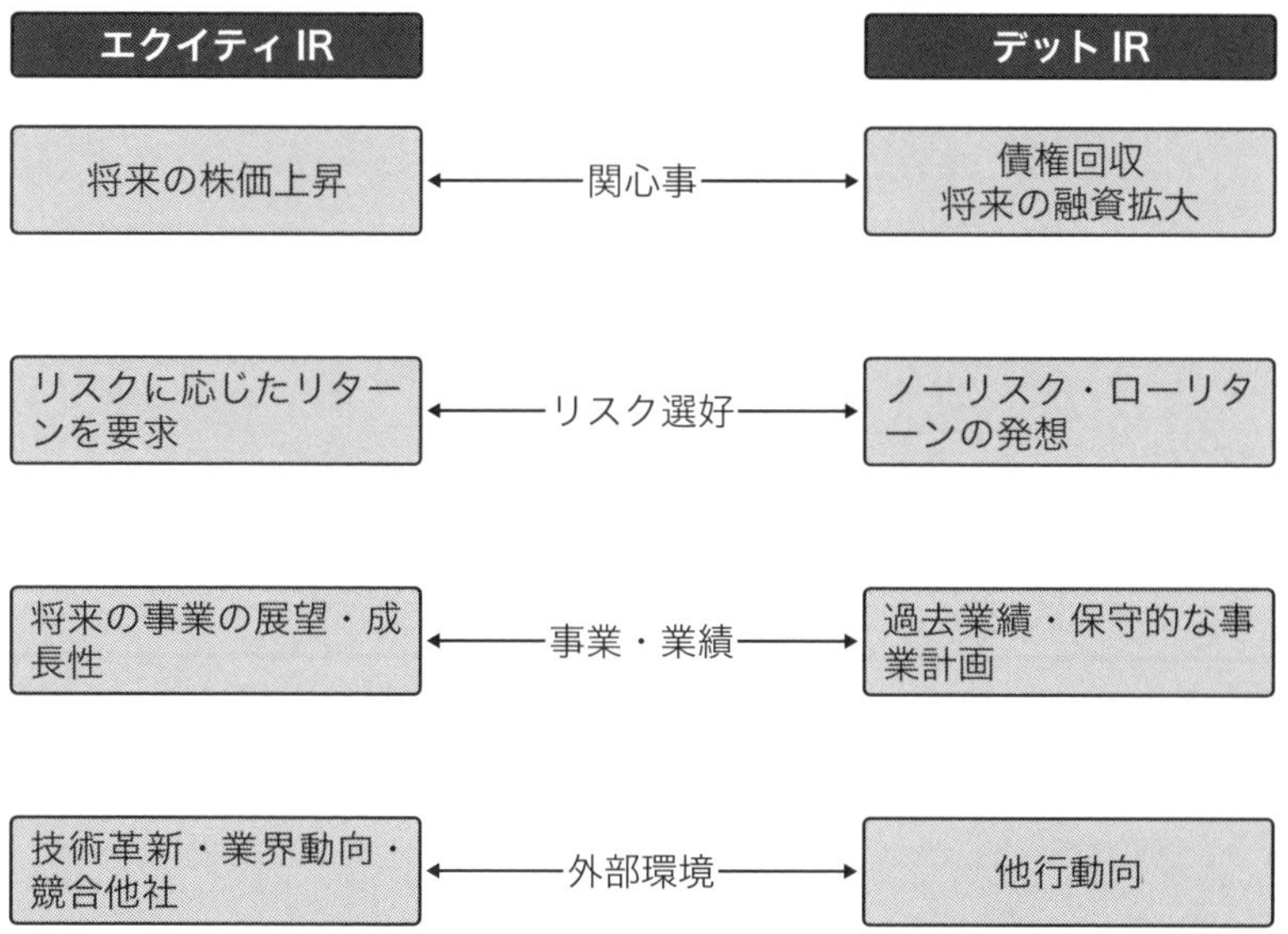

エクイティIR		デットIR
将来の株価上昇	←関心事→	債権回収 将来の融資拡大
リスクに応じたリターンを要求	←リスク選好→	ノーリスク・ローリターンの発想
将来の事業の展望・成長性	←事業・業績→	過去業績・保守的な事業計画
技術革新・業界動向・競合他社	←外部環境→	他行動向

ステイク・ホルダー理論

【ステイク・ホルダー理論】

ファイナンス担当者が直接対峙するステイク・ホルダーは、株主や銀行などの投資家である。しかし、企業の活動に利害関係を有するステイク・ホルダーは投資家だけではない。コーポレート・ガバナンスに深く関与するファイナンス担当者としては、ステイク・ホルダー理論についても理解しておく必要がある。

R・エドワード・フリーマン（※注3）が1980年代に提唱した**ステイク・ホルダー理論**は、株主や銀行はもちろんのこと、販売先、仕入先、従業員など、幅広い利害関係者までを捉えた概念である。「**企業はすべてのステイク・ホルダーの利益を追求することによって持続的に成長する**」という考え方である。あくまで責任の所在は経営者であり、企業の内部者である従業員もステイク・ホルダーと見做すのである。エージェンシー理論が株主や銀行などの資本提供者に対する利益追求・利害の一致を意図しているのに対し、

（※注３）R・エドワード・フリーマンら『利害関係者志向の経営―存続・世評・成功』（白桃書房）

ステイク・ホルダー理論では広範な利害関係者に対する利益追求を経営者に求めているのである（図表13）。つまり、企業のプリンシパルたる株主もステイク・ホルダーの一つに過ぎないとの考え方である。

また、エージェンシー理論が「**情報の経済学**」から発展してきたのに対し、ステイク・ホルダー理論は「**企業と社会論**」という研究領域から発展したという違いがある。つまり、企業はあらゆるステイク・ホルダーに取り巻かれており、それらとの関係構築により成り立つとの基本的考え方に出発点がある。近年はコーポレート・ガバナンスや経営戦略論において重要なテーマとなっており、研究者のみならず実務家も好んで使う理論である。読者も多くの企業のホームページや社長挨拶などで、「ステイク・ホルダーのみなさまの利益のために云々～」と使われているのをご覧になったことがあるだろう。

【ステイク・ホルダー・マネジメント】

しかし、経営者はすべてのステイク・ホルダーの要求に１００％応えることは不可能である。したがって、どのステイク・ホルダーの要求を優先的に考慮していくのかを決めなければならない。また、ステイク・ホルダーによって要求する内容の特性が異なる。たとえば、「株主は利益最大化のために人

図表13　ガバナンス理論とステイク・ホルダー理論

	株主	銀行	仕入先	販売先	従業員	その他
エージェンシー理論	○	△	—	—	—	—
ステイク・ホルダー理論	○	○	○	○	○	○

件費を削減するよう要求するが、従業員は賃上げを要求する」などである。そこで、各ステイク・ホルダーの要求を何らかのフレームで整理する必要がある。ステイク・ホルダーの属性を分類し、要求の性質を整理することで戦略的にステイク・ホルダーをマネジメントしていくのである。

【ステイク・ホルダーの分類】

企業によって、マネジメントすべきステイク・ホルダーは異なる。ジョイント・ベンチャーなどを組成するビジネスでは競合他社でさえ、ステイク・ホルダーとして認識する必要がある。このように、どの組織をステイク・ホルダーとするかは各企業が自ら特定し、マネジメント方法を検討しなければならない。

ステイク・ホルダー・マネジメントの手法については様々なアプローチが研究されているが、代表的な事例としてステイク・ホルダーの分類によるマネジメント手法を紹介する。検討の手順は、ステイク・ホルダー候補の要求を次の3つの属性に分類することに始まる。

①パワー……そのステイク・ホルダーの要求が企業に与える影響力や権力

が強い

②正当性……そのステイク・ホルダーの要求が企業との関係において正当性がある

③緊急性……そのステイク・ホルダーの要求に緊急性がある

そのうえで、どの属性にも入らない組織はステイク・ホルダーとはならない。反対に、より多くの属性と重複する組織が重要度の高いステイク・ホルダーとなる。「経営者は重要度の高いステイク・ホルダーとの関係構築を優先すべき」という考え方である。

図表14は3つの属性に分類したうえで、それぞれの属性との重複状況によりステイク・ホルダーの特徴を示している。当然のことながら決定的ステイク・ホルダーとの関係構築を最優先し、次いで有力なステイク・ホルダー、危険なステイク・ホルダー、依存的ステイク・ホルダーとの関係構築を行うこととなる。休眠ステイク・

図表14　ステイク・ホルダーの分類

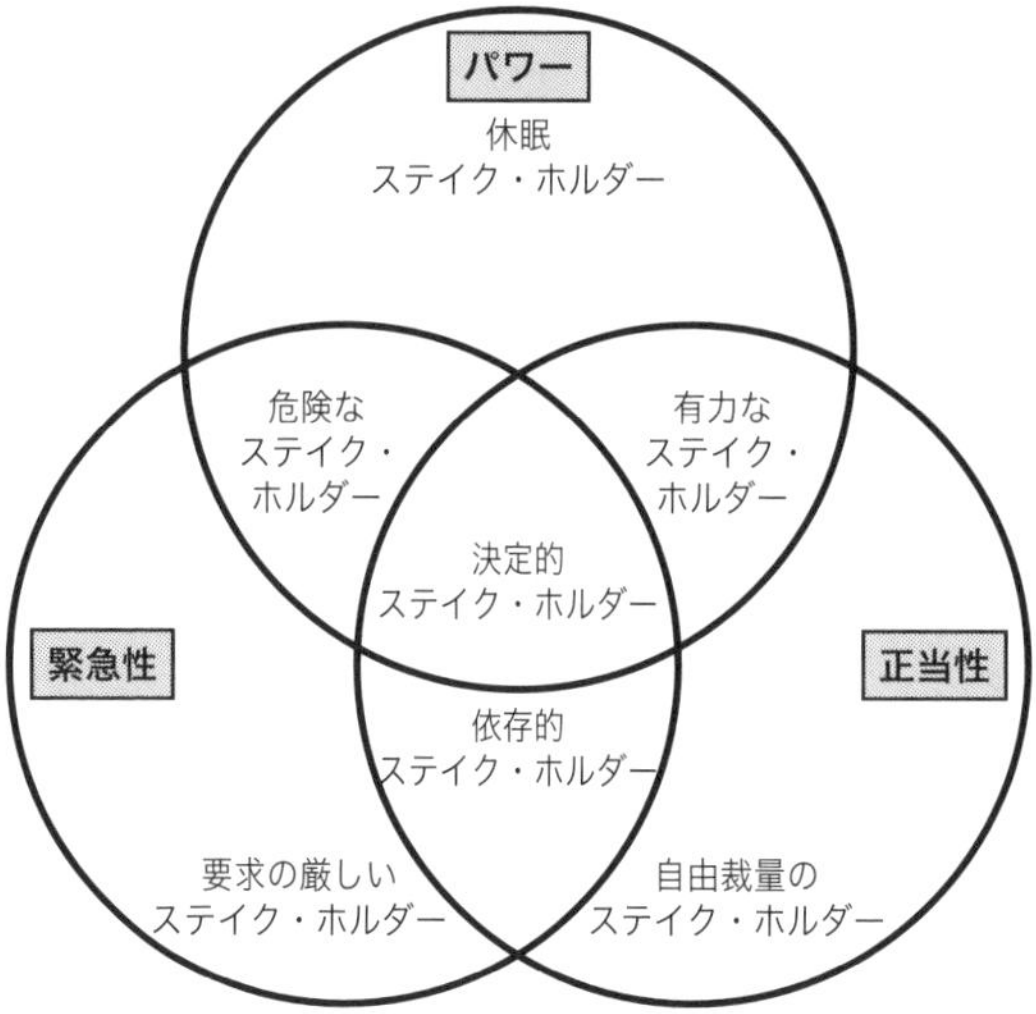

出所：Michell,et.al『Toward a Theory of Stakeholder Identification and Salience: Defining the Principle of Who and What Really Counts』（1997）を基に筆者作成

ホルダー、要求の厳しいステイク・ホルダー、自由裁量のステイク・ホルダーは潜在的に重要度が高まる可能性があり注視しておく必要があるが、直ちに関係構築に注力するには及ばない位置づけとなる。

コンプライアンスと企業倫理

ステイク・ホルダー理論をさらに拡張し、経営者に社会のために貢献することを求めている考えが**CSR理論**（Corporate Social Responsibility）である。CSR理論は近年盛んに研究されてきているが、「社会のために貢献すること」とは、決して慈善活動のみを意味しているわけではない。まだ発展段階の学問領域であり、研究者によって様々な定義がなされているが、多くは企業の活動を通じてコンプライアンスなどの制度的な規律を超えて、高い倫理観を構築し社会に対して積極的に責任を果たすことを指している。

コンプライアンスは法令順守を意味するものであるが、法律は問題が起こってから制定されるものである。つまり後追い型なのである。したがって、法律には世の中で起こり得るあらゆる問題に対して、常に不備があるものと考えなくてはならない。法律に違反していなくてもCSRの視点に反する行動をとることは有り得る。たとえば、タックス・ヘイブンを活用した節税スキームなどは、コンプライアンス違反でなくとも、CSRの視点からは不適切であろう。

しかし、一昔前の倫理観ではCSRの視点から見てもなんら問題はなかった。むしろ、そのスキームが開発されたからこそ、投資活動が活発化した側面もある。しかし、度重なる国民への税負担や政治的なムードなどから倫理観が変化することによって、CSRの視点からは不適切となる時代に変わるのである（図表15）。

さて、いま述べたように**環境の変化に応じて倫理観も変わる**。しかし、法律は後追いで整備される。そもそも法律は社会全体の問題を完全に網羅できない。コンプライアンスに違反していなくても倫理的に不適切な行動は避けなければならない。

図表15　コンプライアンスとCSRの関係

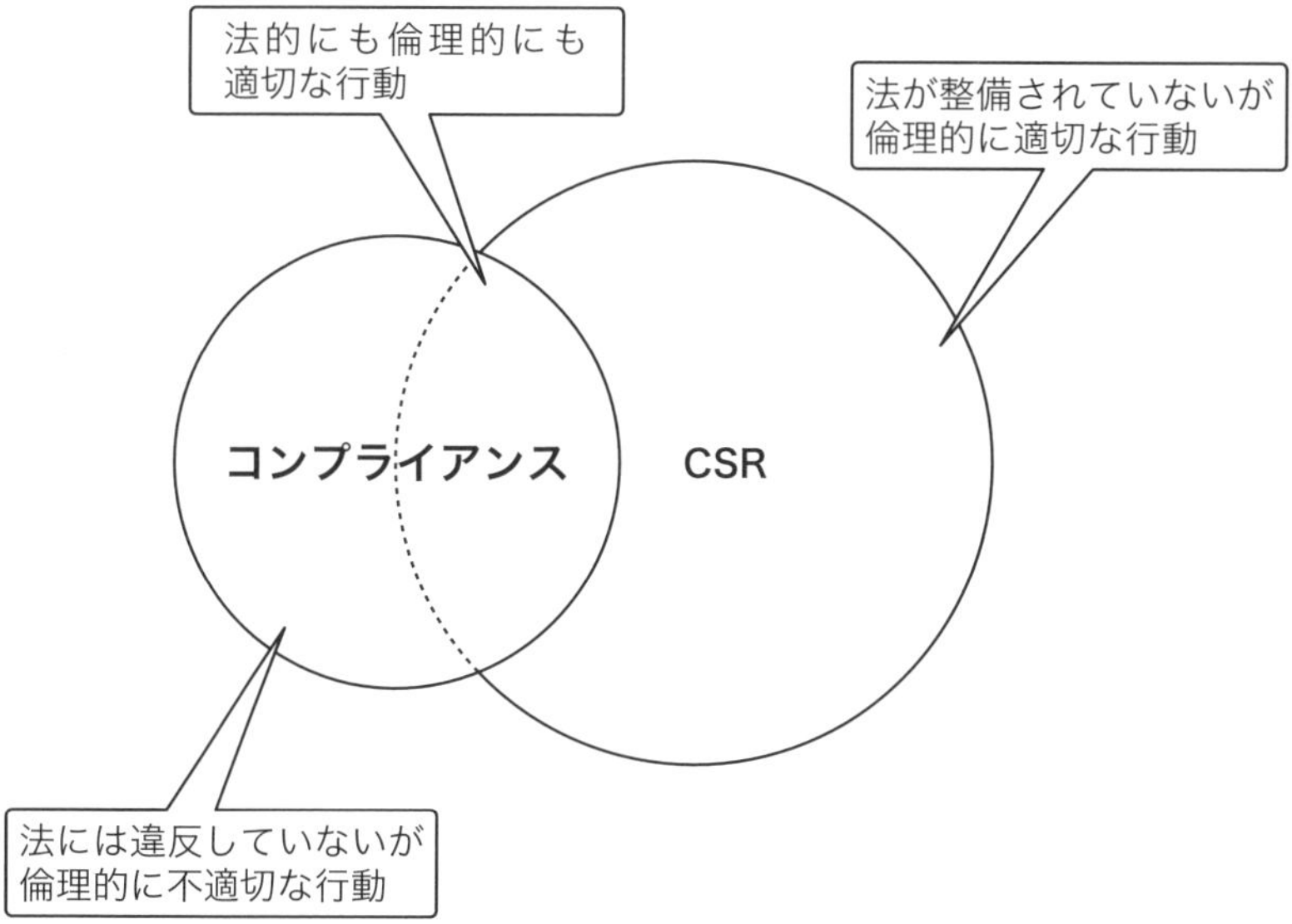

スチュワードシップ理論

企業の存在を社会的存在にまで昇華させた場合、企業の存在は直接的なステイク・ホルダーに留まらず、社会全般に対しても影響を及ぼす位置づけになる。このとき、社会的に重要な存在である「企業」という公器を経営者のみの責任にしていて良いのだろうか。そもそもステイク・ホルダーには責任はないのであろうか、という議論が出てくる。

スチュワードシップ理論は、こうした疑問に答える理論である。エージェンシー理論で展開する議論は自己の利益に対して合理的な行動をとる人間観が前提になっているが、スチュワードシップ理論は集団に貢献することで自己実現を目指す人間観を前提としている。

コーポレート・ガバナンスに援用した場合、株主と経営者がエージェンシー関係（利己的行動）を選択するか、スチュワード関係（自己実現的行動）を選択するかにより企業価値に異なる影響を及ぼすことを明らかにしている。

図表16に示されているとおり、経営者のみを律するのではなく、**株主と経営者が相互にスチュワード関係を選択することで、「企業の潜在的なパフォー**

マンスが最大化される」としている点が特徴である。

我が国においても平成26年2月に「スチュワードシップ・コード～責任ある機関投資家の諸原則～」が金融庁主導で制定され、数多くの機関投資家が賛同しており、機運は高まりつつある。

スチュワードシップ理論では、プリンシパルとエージェントが相互にスチュワード関係を選択するには社会が高度に成熟している必要がある、としている。果たして、あらゆる取引においてスチュワード関係が成り立つような素晴らしい社会が本当に実現するのであろうか。度重なる企業の不祥事を見るにつけ、少なくとも我が国は道半ばではなかろうかと筆者は感じている。

図表16　プリンシパル-マネージャーの選択モデル

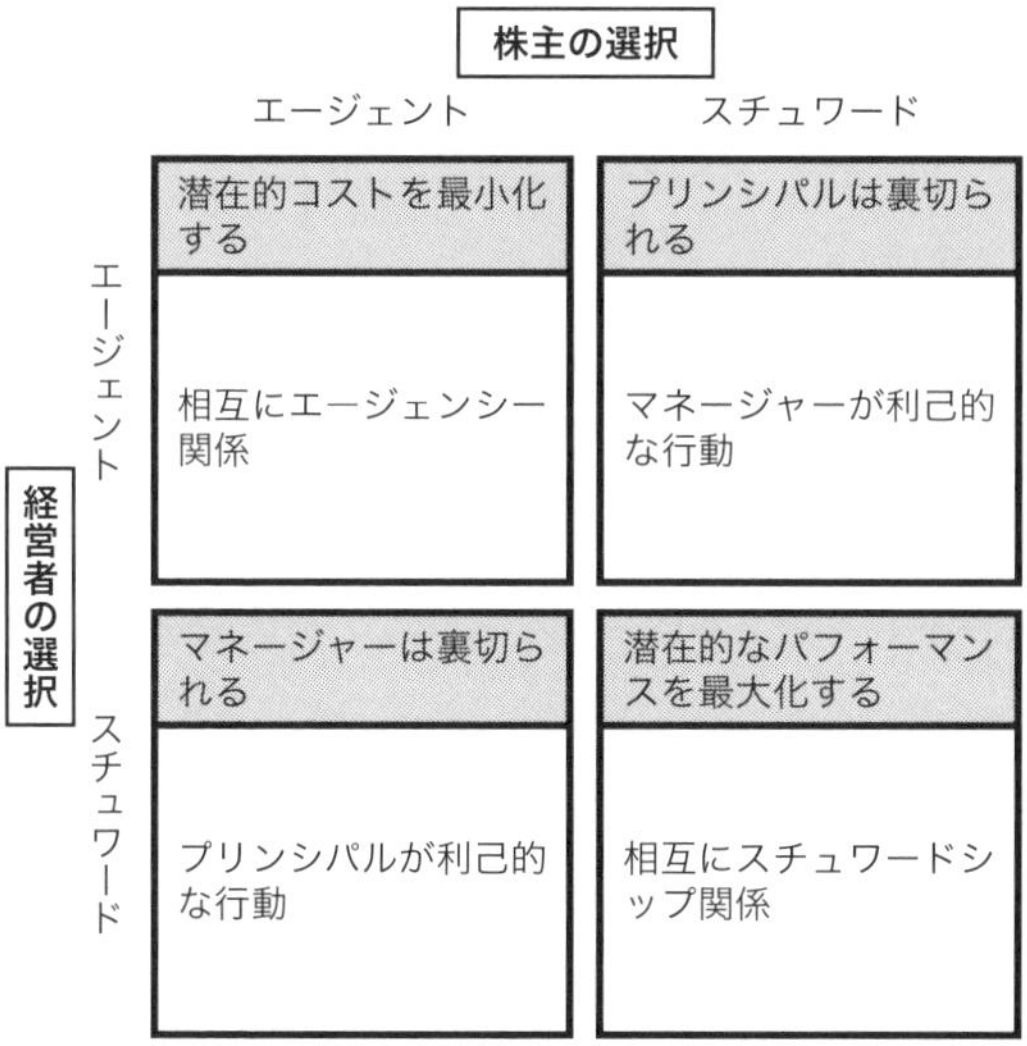

	株主の選択	
	エージェント	スチュワード
経営者の選択　エージェント	潜在的コストを最小化する／相互にエージェンシー関係	プリンシパルは裏切られる／マネージャーが利己的な行動
経営者の選択　スチュワード	マネージャーは裏切られる／プリンシパルが利己的な行動	潜在的なパフォーマンスを最大化する／相互にスチュワードシップ関係

出所：Davis, Schooman, & Donaldson『Toward a stewardship theory of management』（1997）を基に筆者作成

03 経営戦略と財務戦略

戦略の類型

企業経営に関わる戦略は多岐にわたっている。これらを組織ごとの管掌に応じて整理すると、図表17のようになる（組織の戦略を包括的に整理しているわけではないことをご留意いただきたい）。

経営戦略は「**企業をどのような方向で進めていくか**」というスケールの大きな問題を取扱う。たとえば、差別化か、コスト・リーダーシップか、という概念で議論する。財務戦略は経営戦略で描かれたビジョンを実現するためにバランス・シートレベルにブレイク・ダウンして、投資と資本調達の意思決定を行う。

マーケティングでは「**どうすればより多くの顧客を獲得できるか**」という

図表17　戦略の類型

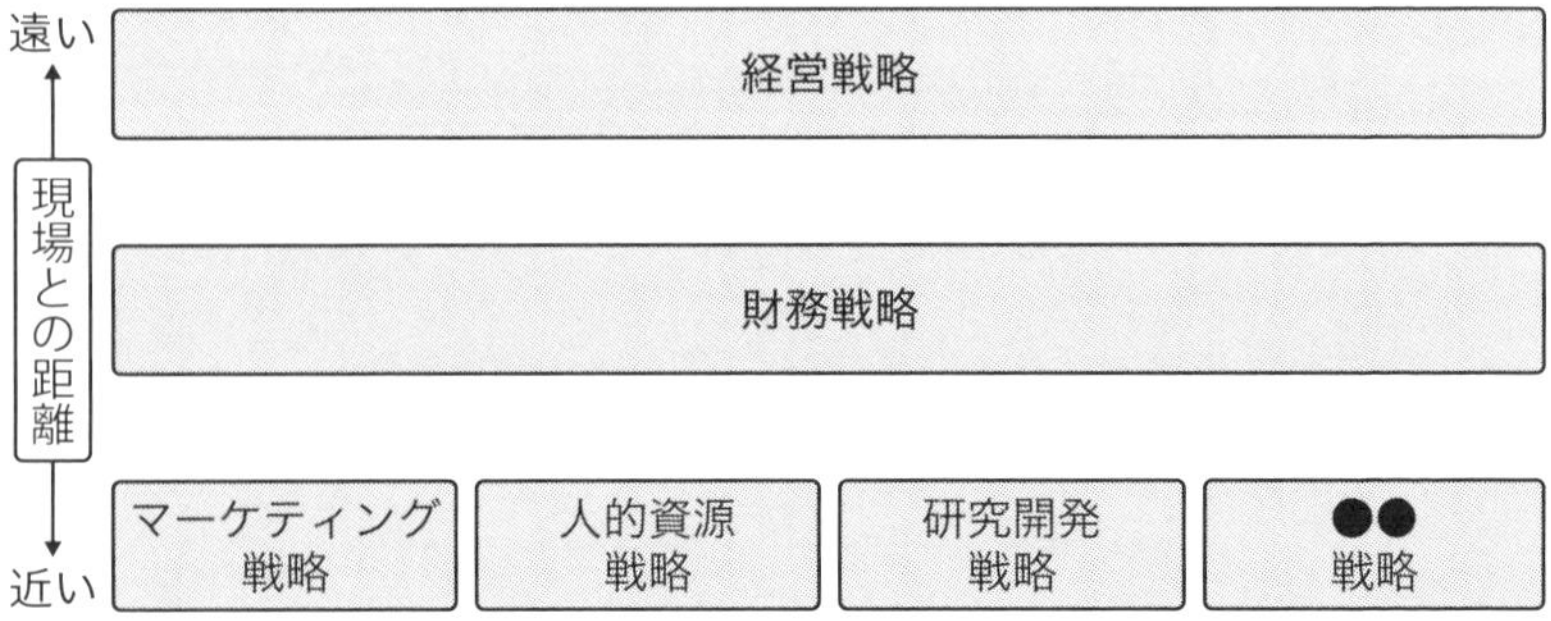

観点で戦略を立案する。人的資源では「**いかにして従業員を育てるか**」「**どうすれば従業員満足を向上させられるか**」という観点から戦略を立案する。研究開発では、「**どうすればより良い製品を開発できるか**」という観点から戦略を立案する。

上位レベルほど概念的かつビジネス現場との距離は遠くなり、下位レベルほど具体的かつ現場との距離が近くなるという特徴がある。これらの各戦略が有機的に結合することによって強い企業となる。

経営戦略と財務戦略は「**全体を俯瞰している**」という意味では、ほぼ同じ視座で企業を見ている。ただし、経営戦略では、「どういうビジネスを行っていくか」「どうすれば競争に勝てるか」という論点で議論するため投資の視座に集中している。しかし、**財務戦略は投資の視座とともに、資本調達の視座が入っている**点に違いがある。このことからファイナンス研究はもっぱら資本調達に関心が行く傾向にあるが、本来は**投資の視座との均衡**があるべきと筆者は考えている。

コスト・リーダーシップか、差別化か

ファイナンス担当者には財務的知見のみならず、ビジネスに関する知見が求められる。将来の計画を策定するに当たり、自社が展開するビジネスに関する知見がなければ数字の根拠に乏しい計画を立てることになるからだ。

そこで、自社のビジネスを分析する前提として最低限理解しておかなければならない経営戦略の基礎理論について述べる。マイケル・E・ポーターによれば、企業の戦略には様々あるが、「**コスト・リーダーシップ戦略**」「**差別化戦略**」「**集中戦略**」の3つの基本的なタイプに大別できる。ただし、集中戦略は集中することによりコスト・リーダーシップを実現するのか、あるいは差別化を実現するのかという意図で形成される。煎じ詰めると、**コスト・リーダーシップか、差別化か**という2つに収斂《しゅうれん》されると筆者は考えている（図表18）。

図表18　コスト・リーダーシップと差別化戦略

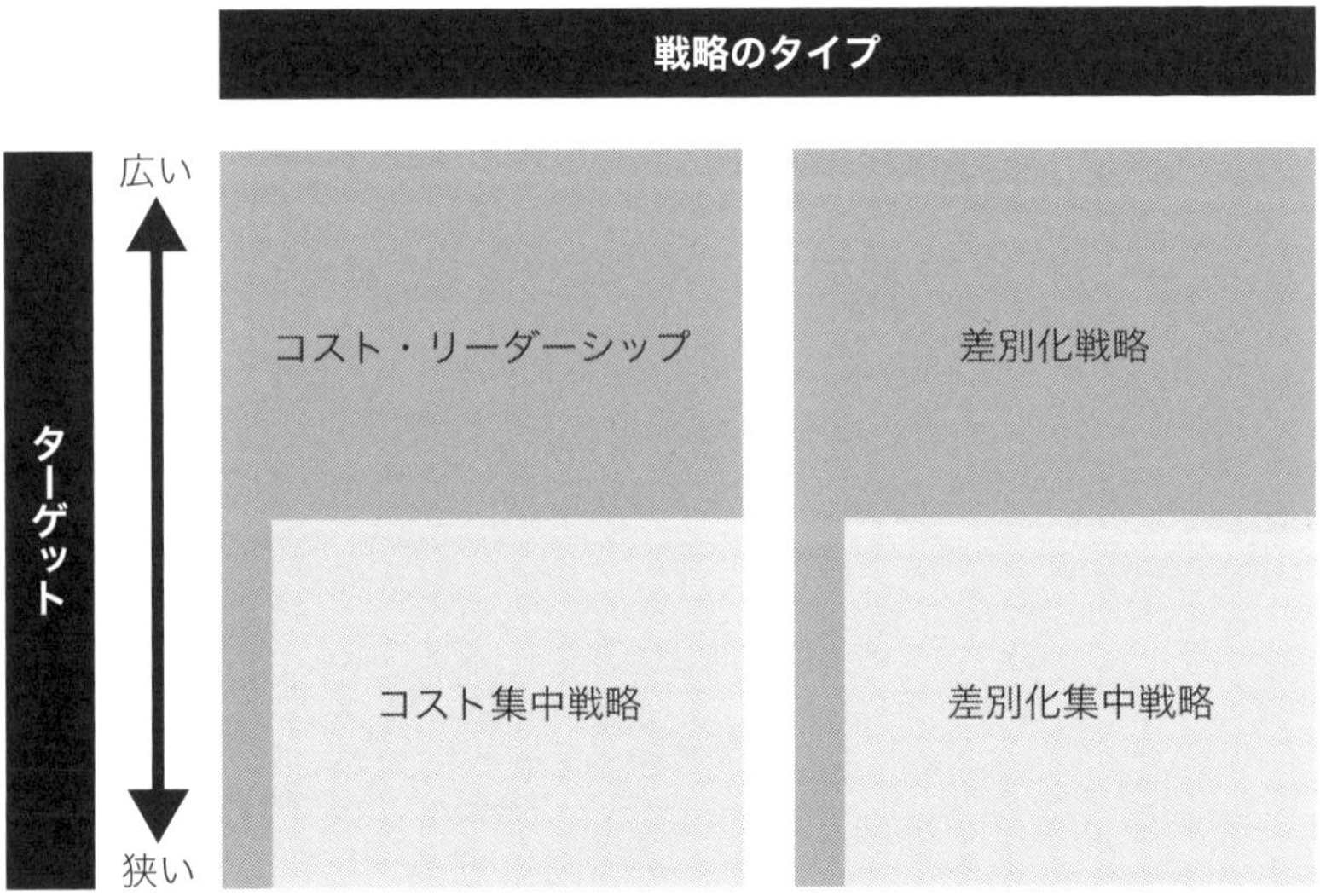

出所：マイケル・E・ポーター『競争の戦略』（ダイヤモンド社刊）を基に著者作成

コスト・リーダーシップ戦略

【コスト・リーダーシップ戦略】

コスト・リーダーシップ戦略は、**他社よりも安く売ることで競争に勝つ**ことを意図している。つまり安売り戦略である。

企業としては本当なら安売りしたくはない。しかし、安売りする必要があるのである。

安売りする必要がある製品というのは、コモディティ化（一般化）しており、買い手は自社のみならず多数の競合他社からも買うことができる。多数の競合他社がひしめくビジネスはそれだけ市場規模も大きいことを意味している。また、買い手のターゲットも幅広い層を対象としている。家電量販店業界などが典型例である。

このような業界の場合、「どこよりも安い」ことを売りにするため業界内で体力勝負の消耗戦となる。粗利率が低くなるため、大量仕入れと大量販売により規模で粗利額を確保せざるを得ない。

したがって、**コスト・リーダーシップ戦略を採用し得る企業は大企業に限るのである。**中小企業であるにもかかわらず、コモディティ化した製品を取扱い、安売りを「売り」にしている企業は非常に厳しい経営状況を強いられることとなる。

【コスト集中戦略】

しかし、極めて限定的なターゲット、製品、地域などに集中することにより効率的なオペレーションを実現し、業界の大手企業でなくてもコスト・リーダーシップを実現する方法もある。

自動車業界を例に挙げよう。トヨタや日産などは高級車からスポーツカーまでフルラインナップで製品開発を行い、同レベル車種での価格競争を行っているのに対し、スズキは軽自動車に集中することでコスト・リーダーシップを実現している。

差別化戦略

【差別化戦略】

差別化戦略とは、**自社でしか買えない財・サービスを買い手に提供することにより高い単価で販売する戦略**のことである。

買い手にとっては他に替わりがないため、高くても買わざるを得ない。この場合は極めて粗利率が高くなる。先の家電量販店の事例で言えば、街の電気屋さんは価格面で量販店と競っていては破綻してしまう。したがって、量販店では決して提供してくれないようなサービスを提供することによって差別化を図る。地元のお年寄り世帯に対して面倒な配線をしてあげたり、電話一本ですぐに駆けつけることで強固な関係構築をしたりすることで差別化を図るのである。

また、銀座の高級寿司店なども同じである。特別に良いネタを提供する（あるいはしているように見せる）ことで、大企業のチェーン店より圧倒的に高い価格で販売する。このような戦略は全国の駅ビルに出店するような大企業では不可能である。あらゆる業界を見てみればわかるが、**差別化戦略を可能とするのは中小企業であることが多い。**

【差別化集中戦略】

差別化集中戦略とは、**極めて限定的なターゲット、製品、地域などに集中することにより差別化を実現し、高付加価値製品を提供する戦略**である。

例としては、内視鏡分野で世界シェアトップのオリンパスが挙げられる。内視鏡の研究開発に特化し、総合光学メーカーにはない高付加価値製品を開発し、高く売ることを実現している。集中することによって「**高く売る**」ことを意図している点がコスト集中戦略とは異なるのである。

04 外部環境と内部資源

企業経営における外部環境と内部資源の関係

コスト・リーダーシップや差別化といった経営戦略の意思決定を行うためには自社のビジネスを精査する必要がある。企業の経営は外部環境に影響を受けるため、自社の内部資源を適応させることが企業の存続につながる。ここで、**外部環境**と**内部資源**について以下のように定義しておく（図表19）。

外部環境は、自社ではコントロールできない事象すべてを指しており、例を挙げれば枚挙に暇がない。他方、内部資源とは、自社の意思決定でコントロール可能な事象すべてを指す。たとえて言えば、仮に外部環境面で訪日外国人客が増加する傾向にあり、とりわけ中国人の訪日客数が突出して多かった場合、中国人の販売員の採用（すなわち投資）を増やす、という関係になる。

図表19　外部環境と内部資源

外部環境	自社ではコントロールできない事象			
	政策	法律	景気	社会情勢
	トレンド	自然	etc	
内部資源	自社でコントロールできる事象			
	営業	人材	製品	研究開発
	広報	etc		

なお、内部資源のことを「内部環境」と表現する人もいる。意味が通じればどのような表現をしても構わないのだが、「環境」という言葉は自分の周囲のことを指すため自分のことを語るには本来違和感がある。本書では「内部資源」という表現を使うこととする。

さて、ここでダーウィンの言葉を借りる。

「この世に生き残る生き物は、もっとも力の強いものか？　そうではない。もっとも頭のいいものか？　そうでもない。それは、変化に対応できる生き物なのである。」

企業とて同じであり、外部環境の変化に対応できない企業はやがて淘汰される（図表20）。資本力が大きくても有能な社員がたくさんいても、変化に対応できなければ生き残れないのである。

フォロワーとリーダー

企業は外部環境の変化に合わせて内部資源を適用させることで存続を図る

図表20　外部環境変化と内部資源の対応

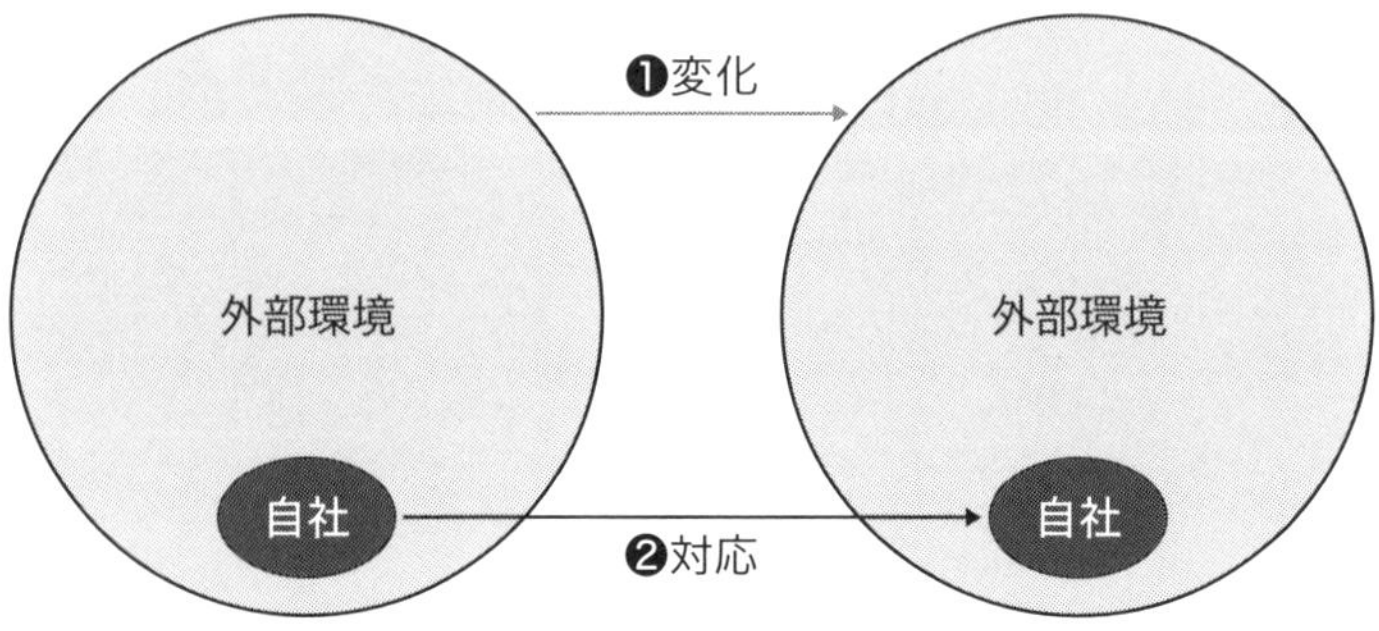

よう行動するのが通常である。このように行動する企業を「**フォロワー**」と言う。

ただし、自ら新たな外部環境を作り出す企業もある。このように行動する企業を「**リーダー**」と言う。リーダーは外部環境の変化を先取りし、現在の環境下には適合していなくても、将来の環境下に適合すると見込まれる製品を開発する。つまり、イノベーションを起こすことを目指して先行投資するのである。当然、予想通り外部環境が変化しなかった場合は先行投資が無駄になるため、自己資本により資本調達する必要がある。つまり、余剰現金が豊富にある企業でないとリーダー戦略を志向してはならないのである。

〈フォロワー〉……外部環境の変化に適応していく企業
〈リーダー〉……新たな外部環境を自ら創出する企業

このことから、ガソリン車全盛の時代にハイブリッド車の開発に先行投資したトヨタ自動車のように、リーダー戦略を採用できる企業は大企業が中心となる。ただし、市場がニッチな場合は、ベンチャービジネスでもリーダー戦略が可能である。ヤフーやグーグルのようなケースである。これらの企業の製品は、初めて市場に投入した時点では外部環境には適合していない。しかし、利用者が増えるにつれ、「顧客という外部環境が変化」し、インターネットが普及するにつれ、「社会全体の情報収集方法という外部環境が変化」したのだ。つまり、**リーダーの内部資源に外部環境が後からついてくる**イメージである。このようなイノベーションを起こす企業についての研究は、イノベーション・マネジメント領域で蓄積されている。いかにしてイノベーションを起こす組織を形成するか、などの議論である。

PEST－CCS分析の7つの要因

先に述べたように、外部環境とは、政府の政策、法改正、景気動向や競合他社の状況など、自社ではコントロールできない事象のことである。

しかし、外部環境は目に見えないものである。当然のことながら影響を受ける要因が産業によって異なるため、「**自社に影響を及ぼす要因が何なのか**」を特定せねばならない。そこで外部環境を分析する枠組みを次に示したい。

外部環境分析の有名なフレームワークに**PEST分析**がある。「**政治的要因**」「**経済的要因**」「**社会的要因**」「**技術的要因**」という4つの枠組みで分析する手法である。

〈Politics「政治的要因」〉➡法改正、政権交代、外交問題など
〈Economics「経済的要因」〉➡景気動向、物価動向、金融環境など
〈Society「社会的要因」〉➡人口動態、文化の変遷、教育・犯罪など
〈Technology「技術的要因」〉➡技術革新

しかし、筆者の知る限り、PEST分析を有効に活用している企業は見たことがない。自社にとってどのような外部環境を観察していけば良いのか、判断しづらいからであろう。外食産業の場合は、「政治的要因」において「貸金業法の改正」は無関係だが、「TPPにより食品の輸入価格がどうなるか」という問題は大いに関係する。また、「金曜日の夜に雨が降るかどうか」という問題が重要かもしれない。客足に影響が出るからだ。

PEST分析には弱点がある。**PEST分析で観察している要因は現場との距離感が遠い**のである。マクロ環境分析なのである。遠くを見ることは大きな進路を決める際には有用だが、はじめの一歩の進め方を見出すことはできない。そのためにはマクロ環境のみならず産業レベルでの要因を分析する必要がある。
　そこで筆者は次の3つの要因を加えてPEST分析を拡張することを推奨したい。本書ではこれを**PEST－CCS分析**（※注4）と呼ぶこととする（図表21）。

〈Competitor〉……「競合他社の要因」
〈Customer〉……「顧客の要因」
〈Supplier〉……「仕入先・外注先の要因」

　顧客や仕入先については、ファイナンス担当者よりも営業担当者の方が臨場感のある形で把握していることが多いであろう。外部環境分析にあたっては、組織横断的に情報を集め、絵を描いていくことで充実した分析が可能となる。

（※注４）PEST-CCS分析は筆者がビジネスDD業務、経営改善計画策定業務を行う際に考案した枠組みである。

図表21　PEST-CCS分析

PEST	Politics	政治、法律の改正、規制緩和等の要因を洗い出し、今後の動向についての仮説を導出する。
	Economics	景気動向が自社の財・サービスの売上、原価に及ぼす影響を見極める。自社の財・サービスに直結する指標がどのように変化するか、仮説を導出する。
	Social	社会情勢の変化、文化や価値観の変化を見極め自社への影響を想定する。手掛かりが掴みにくい論点。
	Technology	製造業はもちろん、あらゆる産業において技術革新はあり得る。財・サービスについての技術革新のみならず営業活動のツールや IT 分野も含めて自社に影響を及ぼす領域を注視する。
CCS	Competitor	競合他社が採ってきた戦略を分析し、今後の展開を予想する。競合他社の人材・製品等の内部資源をいかに把握するかが重要となる。
	Customer	顧客の経営状況、風評、他社との取引状況や力関係等からトレンドを導出する。顧客が今後何を志向していくかを見極めるのがポイント。BtoC ビジネスの場合、PEST 分析の Social 要因との親和性が高い。
	Supplier	仕入先・外注先の経営状況、風評、他社との取引状況や力関係等からトレンドを導出する。仕入原価等は相場の影響も受けるため PEST 分析の Economics 要因との親和性がある。状況に応じサプライ・チェーン全般を見て重要な要因を抽出しても良い。

ＰＥＳＴ－ＣＣＳ分析の方法

次に、ＰＥＳＴ－ＣＣＳ分析の具体的方法について述べる。

企業に影響を及ぼす外部環境は産業や業態、営業エリアなどによって異なる。ファイナンス担当者のみで網羅し情報を収集するのは困難を極める。そこで効果的な方法として部門横断的に複数名人選し、フリーディスカッション形式で情報を収集する方法が挙げられる。

ＰＥＳＴ－ＣＣＳ分析で抽出する7つの要因は自社との距離感が異なる。現場に集中している人ほど自社との距離が近い要因に知見がある。したがって、フリーディスカッションの人選は営業や製品開発、購買など何らかの現場に集中している社員を複数名招聘することが望ましい。取締役のみや、経営企画部門と財務部門のみで議論するよりも、情報量が充実し新たな気づきが出やすいからである。

フリーディスカッションでは、より有益な情報を抽出するためにファイナンス担当者は**ファシリテーター**としての役割を果たすことになる。パーソナリティも影響するが、メンバーにディスカッションの重要性を認識させ自由に発言できる雰囲気を醸成するのである。ディスカッションのアジェンダとしては次の通りとなる。

- **ディスカッションの目的**
- **7つの要因のイメージ**
- **7つの要因の位置づけ**
- **7つの要因の過去（実績）**
- **7つの要因の将来（仮説）**

ファイナンス担当者はディスカッションの目的を明示した後、より有益な情報を引き出すためにメンバーを次の手順でリードしていくこととなる。

【7つの要因のイメージ】

最初にPEST-CCS分析で示す7つの要因の具体的イメージを例示する必要がある。「社会的要因」など何のことを言っているのかわからないはずである。ひとつひとつの要因があまりにも広範かつ一般化し過ぎているため、具体的に何を見れば良いかわからないのである。

仮に自社が女性向けアパレルメーカーであり、「30代キャリア女性向け高付加価値製品」を販売するとしよう。このときの社会的要因には、「高齢者の消費動向」や「宝くじの売上動向」は無関係である。「女性の高学歴化」「晩婚化」「保育園の設置状況」「キャリア・ウーマンの購読雑誌の動向」などの方が適合的である。男性を意識したルックスを意図する女性もいるであろう。「30代男性の好きな女優ランキング」といった要因も有り得る。

このように、ファイナンス担当者が事前に各要因に対しての具体例を最低5つ程度は想定しておくのである。そのうえで自ら想定した具体例を小出しにしつつメンバーから独創的な発想を引き出すことができれば素晴らしい。

【7つの要因の位置づけ】

次に、7つの要因の位置づけを議論する。自社との距離感と影響力を計測する作業である。図表22のようなマトリクスを用いて7つの要因をプロットしていくこととなる。

先に述べた「30代キャリア女性向け高付加価値製品」の販売を行う女性向けアパレル企業を想定しよう。一般論で言えば、景気の影響などの「経済的要因」は「政治的要因」よりも影響力が高いだろう。しかし、男性が家計の

図表22　7つの要因の自社における位置づけ（例）

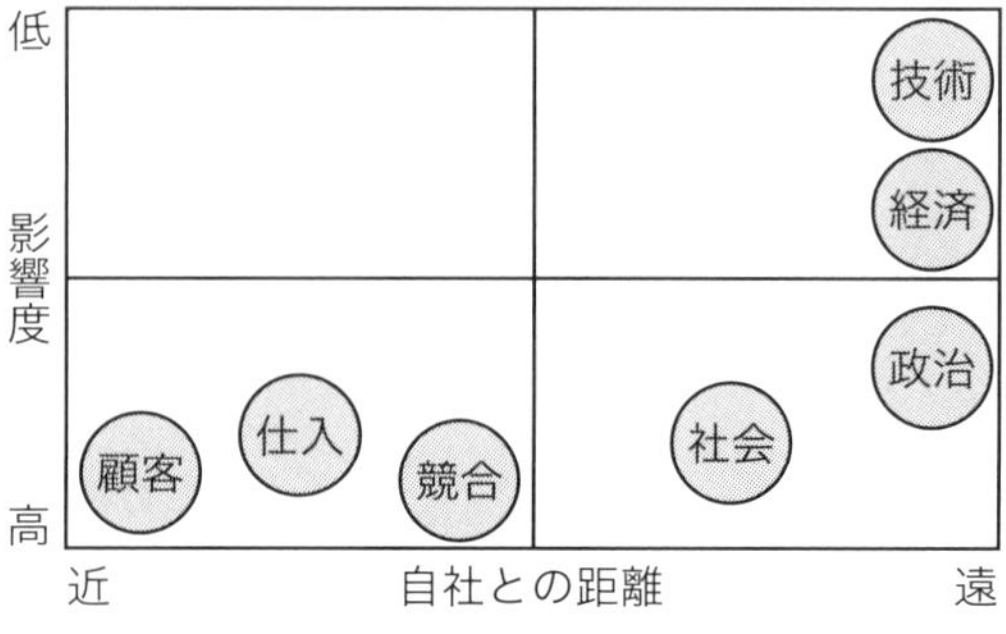

多くを負担している既婚女性の場合、女性の方が可処分所得は高く、かつ衣服にかけるお金は男性よりも高い可能性がある。この場合、「経済的要因」はさほど重要ではない。むしろ、時の政権が女性のキャリア形成をサポートする施策を推進していた場合は「政治的要因」の方が影響度は高いとなる。予断を持たず、かつ感覚的な発言を排除しないことにより、有益な情報を得ることができるのだ。

なお、7つの要因をマトリクス上に位置づける目的は、それぞれの要因に対する議論を活発化させるたたき台にすることに加え、その後の内部資源に対する戦略実行プロセスの優先順位をイメージすることにある。

【7つの要因の過去（実績）】

以上により抽出された7つの要因について過去のトレンドを分析する。二次情報のみで抽出することとなるが、定量的な指標で分析する場合もあれば、定性的な情報で分析する場合もある。各要因についてどのようなデータが取得可能か検討し分析を行うこととなる。

また、直接的なデータが得られなかった場合は、何らかの代替情報を代理変数として活用することもある。たとえば「30代男性の好きな女優ランキング」という社会的要因を分析する際に直接的なデータが取得できなかったとしよう。その場合、「30代男性がターゲットのファッション雑誌に掲載されている女性モデルの変遷」を代理変数として分析するなどが考えられる。目的は女優の名前ではなく、「30代男性が好む女性のファッショントレンドを探ること」だからである。

【7つの要因の将来（仮説）】

次に、各要因の今後のトレンドについて議論する。過去のトレンドとの連続性の中で展開する仮説がもっとも周囲の人間の支持を得られやすいが、時として非連続的な発想で仮説を想定することも有り得る。ここで議論される内容が各要因の将来に対する「仮説」となる。

これら一連の作業の目的は、後に7つの要因に紐づく具体的な内部資源の投資方針を策定する際に重要となる。資本の調達には制限がある。限られた資本調達の中で投資の優先順位を決めなければならない。このときに資本の効率的運用の観点から**影響度の高い要因に紐づく投資を優先させていく**こととなる。

VRIO分析

内部資源とは、組織編成、人材の採用や配置、製品開発、マーケティングなどである。これらは外部環境と異なり、企業の内部の事象であり経営者の意思決定でコントロールすることができる。

企業の内部資源の分析はジェイ・B・バーニーを端緒とする資源ベースの経営戦略論（**RBV理論**／Resource-based-view）に詳しい。RBV理論の基本的主張は「**企業の戦略は内部資源に規定される**」とするものである。ポーターのファイブフォース・モデルに代表されるポジショニング理論では外部環境に主眼を置き、「企業の戦略はポジショニングに規定される」としている。これらは経営戦略論の主権を争う「内―外論争」として大きな議論となった。

筆者はいずれの立場を支持するものでもないが、本書ではRBV理論の基本的な枠組みを示す**VRIO分析**について解説することとする。

VRIO分析では内部資源の強みと弱みを4つの問いで分析する。

【Value（価値）】

その企業が保有する内部資源は外部環境における脅威や機会に適応することを可能にするか

【Rarity（希少性）】

その企業が保有する内部資源を現在コントロールしている競合他社はごく少数に留まるか

【Inimitability（模倣困難性）】

その企業が保有している内部資源を競合他社が模倣しようとしたときには高いコストを要するか

【Organization（組織）】

その企業が保有する価値があり、希少であり、模倣困難な内部資源を活用するために組織的な方針や手続きが整備されているか

以上の４つの問いに対して図表23の通り順を追って検討し内部資源の競争

図表23　VRIO分析のプロセス

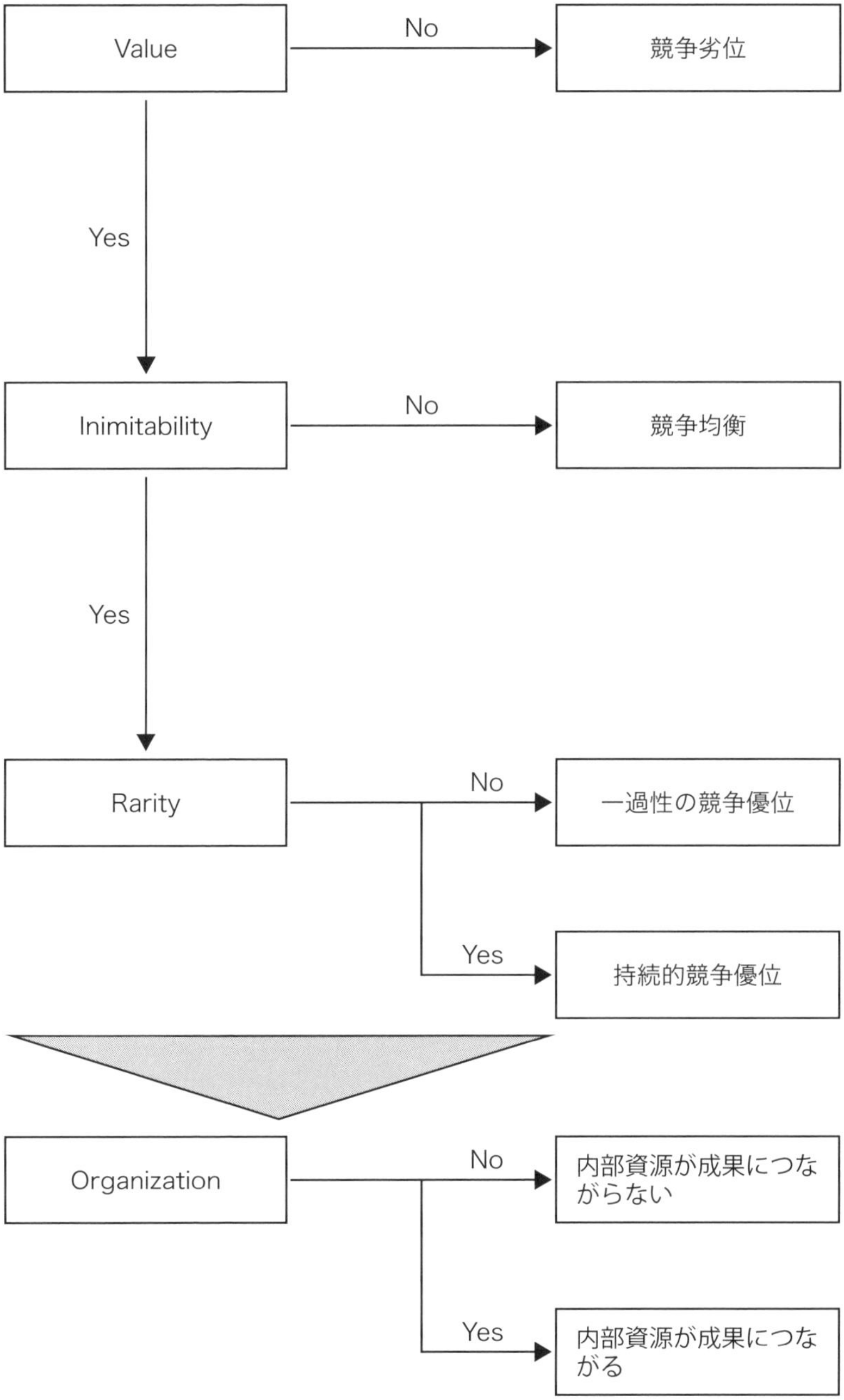

出所：ジェイ・B・バーニー『企業戦略論（上）』（ダイアモンド社刊）を基に著者作成

優位性を分析する手法である。

PEST－CCS分析との結合と戦略の選択

以上の内部資源分析を先に述べた外部環境分析と結合することにより、戦略の選択を行う。外部環境分析によって設定された7つの要因の仮説に適合的な内部資源の運用方法を決定する。

図表24では、先の30代キャリア女性向けアパレル企業を例にして、外部環境分析と内部資源分析の結合と戦略の選択を例示している。この事例はまったくの架空の事例であり、それぞれのコメント内容は何らデータの裏づけを取らずに筆者の思いつきで記載している。あくまで読者のみなさまに分析方法のイメージを見てもらうことを目的にしている点にご留意いただきたい。

なお、例示ではVRIO分析を「財務資源」「物的資源」「人的資源」「組織資源」という4つの軸でそれぞれ行っている。分析対象により切り口は様々であり、「購買」「生産」「マーケティング」「総務」など、企業の部門別に検討する方法もある。

自社のビジネスの質に応じて適宜自由な切り口で分析していくべきもので

ある。

ところで、外部環境分析と内部資源分析を結合させた他の分析手法としてSWOT分析というものがある。筆者はこの手法が好きではない。なぜなら、既存の内部資源の強みと弱みを踏まえて4つの箱の中に戦略をはめ込む作業だからである。この場合、戦略の選択は既存の内部資源を使うことに限定されるため、戦略選択の自由度や創造力が損なわれてしまう（SWOT分析に限らず、分析ツールの精度が高いほど分析する側の自由度が制限されてしまう）。

戦略家たるファイナンス担当者には白紙に自由に絵を描く創造力が求められる。自社の内部資源で不足するなら、外に求めればよいのだ。

内部環境分析　V=Value　R=Rarity　I=Inimitability　O=Organization

	V	R	I	O	評価	
財務資源	No				競争劣位	自己資本貧弱で資本調達余力に乏しい
物的資源	Yes	Yes	Yes	No	一過性の競争優位	独自のブランドが確立されているが、ブランド・マネジメントの組織的運営が不完備
人的資源	Yes	No			競争均衡	デザイナーおよび販売員ともに顧客に価値を提供しているが、他社にも同レベルの人材はいる
組織資源	Yes	No			競争均衡	店舗網はじめ商品提供の組織体制は完備しているが、他社と同レベル

戦略の選択

当社は 30 代勝ち組キャリア女性向け高付加価値製品を提供する差別化戦略を採用する

- 財務資源が競争劣位にあるものの、金融環境が一層良化し、資本調達は可能
- 高機能素材を活用した新製品開発を行い、客単価 5 万円を目指し、デザイン性とともに機能性を追求することで独自のブランドを確立する。
- これらをさらに具体化すべく各部門長に事業計画を策定させる

図表24　外部環境分析と内部資源分析の結合例

外部環境分析

	実績	仮説
Politics	労働力が不足顕著であり、女性の活躍を求める声が高まる	待機児童問題解消等への取り組み強化が期待され、女性の社会進出はより一層サポートされる
Economics	長きにわたるデフレからの脱却を目指し異次元の金融緩和を実行するも、効果は未知数	異次元の金融緩和は当面継続され、資金調達環境は一層良化。消費税の引き上げにより、消費者購買力が低下
Social	女性の高学歴化、晩婚化、少子化の進展	左記トレンドの一層の進展
Technology	スポーツウェアを中心にフィット感と素材感に優れた素材が登場	スポーツウェア素材のキャリア服への援用が可能に
Competitor	競合他社の売上は減少傾向であり、かつ特筆すべきブランドはない	競合他社はセールの頻度を高め実質的な値下げで売上をカバー
Customer	30 代キャリア女性の増加。2万～3万円台のスーツがボリューム・ゾーンだが、一部は高級ブランド志向	30 代キャリア女性の出世競争が激化し、勝ち組と負け組が鮮明に
Supplier	中国の物価・人件費高騰により、外注先の国内回帰	ベトナムが新たな外注先として勃興

第2章

財務戦略の形成

STRATEGY 2

本章では具体的な財務戦略の形成方法について解説する。付加価値を創出する戦略投資家と相場の差益のみに依存する金融投資家の違いを述べたうえで、戦略投資家の長期投資及び短期投資の戦略形成について解説する。また、すべての投資には必ず出口がある。出口戦略として撤退ポイントの考え方についても検討する。

事業に失敗することは悪いことではない。不確実性に挑まなければ利益は得られないから失敗することもある。しかし、失敗することが悪いことではなく、失敗しても耐えられる資本構成で資本を調達しないことが悪いことなのである。さらに、失敗が続き回復の見込みがないにも関わらずナンピンを続けることが悪いことなのである。倒産してしまえばすべてのステイク・ホルダーに損害を与えるからである。

ステイク・ホルダーは様々な目的で企業のバランス・シートに参加している。また、その行動の特徴から資本コストと取引コストに違いがある。企業は自社の置かれた状況を踏まえてどの相手から資本調達を行うのか検討しなければならない。

このように投資と調達の問題をバランス・シートのレベルで検討したのち、企業の長期投資と短期投資の戦略形成について議論する。長期投資は企業のビジネスモデルを規定しキャッシュ・フローに制限を与えるため最初に検討すべき重要な問題である。ビジネスの質に応じて資本構成を調整しなければならないわけであるが、この問題を短期投資の不確実性との関係で論じている。第1章で述べた経営戦略と財務戦略の関係も合わせて検討していただければさらに創造力が増すことと思う。

また、短期投資戦略については在庫投資と売上債権投資を在庫投資に伴う買入債務による調達との関係で論じる。キーワードとしてCCCや企業間信用金利の問題を採り上げる。短期投資の問題を資金繰りとして片づけると企業価値創造の機会を逸することとなる。自社の状況に応じた最適な短期投資戦略を形成することは財務戦略の重要なパーツなのである。

ファイナンス担当者が財務戦略を形成する際には常にバランス・シートで考える必要がある。また、投資の問題は既存の投資資産から撤退することも含まれている。その時に十分なエクイティ・バッファーがあれば何ら問題ないが自己資本が大きく毀損するなど金融支援が必要となる局面もある。そのときは第4章を参照していただきデット・リストラクチャリングを検討することとなる。

01 財務戦略の形成

戦略投資家と金融投資家

財務戦略形成にあたり、自分のことを投資家として認識し、投資家としての自社の立場を明確にしておかなければならない。

一般に、投資家の類型として**戦略投資家**（事業会社）と**金融投資家**（金融機関・ファンド等）に分類される。

戦略投資家は単に固定資産を右から左に移転することにより差益を得るのではなく、**自ら付加価値を加えて投資対象の価値を相場変動を超えて向上させる**ことを投資目的としている。M&Aで言えば、本業とシナジーが見込める関連業界企業の買収や、事業構造の転換を図る目的での買収、成長戦略を意図した同業他社の買収などが挙げられる。

不動産投資で言えば、拠点を統廃合することにより事務所コストやコミュニケーションの効率化を図ることを意図した投資、成長戦略に基づき事業拠点の拡大を行うことを意図した投資などが挙げられる。

したがって、投資の終了、すなわち投資資産を売却するときは、事業が想定外に不調だったときのみならず、経営戦略上の目的が終了したとき、あるいは経営戦略が転換したときに迎えることとなる。

それに対して、金融機関やファンド等の金融投資家は本業が金融業であるため、中長期的な経営戦略上の要請で投資を行うわけではない。株や不動産を売買することそのものを目的としているのだ。金融投資家は自ら投資対象に付加価値を加える能力を持っていないため、相場の変動に依拠して差益を得ることに特化している。もちろん、企業再生ファンドなどは積極的にハンズ・オン（関与）することで企業価値の向上を目指す。しかし、ファンドの運用期間内に売却しなければならないという時間的制約があることから、即効性の高いリストラなどのコスト圧縮が中心的な手法となり、本業とのシナジーなどの長期的なビジョンを持つわけではない。そのため、買収価格を徹底的に買い叩く必要がある。したがって、法的整理に伴うスポンサーに名乗りをあげるケース、あるいはデフレ局面など市場全体がリスク・オフの局面などに注目を浴びることが多い（図表25）。

戦略投資家による固定資産投資の特徴として、**投資回収が長期間にわたる**点が挙げられる。したがって、戦略投資家はより不確実性の高いポジションを保有することとなる。この場合、外部環境に対する洞察が極めて重要となる。M＆Aや不動産投資を行う際、何らかの心理的なバイアスがかかり、性急に投資を実行してしまうことがある。しかし、企業の固定資産投資は株式のデイ・トレーディングなどとは異なり、市場参加者の心理に依拠してはならない。出口を迎えるときが現在の市場参加者の心理などまったく無関係な遠い将来だからである。

また、先に述べたように、戦略投資家によるM＆Aや不動産投資は相場変動の差益を得ることのみを目的としていない。投資した株式や不動産を活用し自らの手で付加価値を創出することを目的としている。そのためには、**事前にビジネス上の論点を分析し、創出可能な付加価値の所在を明らかにしておく必要がある。**

図表25　戦略投資家のバリュー・ストラクチャー

バランス・シートへのブレイク・ダウン

経営戦略は企業の進むべきグランド・デザインを描くことであり、先に述べたように、外部環境と内部資源の分析から導出される。他方、財務戦略は経営戦略をバランス・シートのレベルにブレイク・ダウンし、具体的に何に投資し、どうやって調達するか、という問題の意思決定を行うものである（図表26）。

もちろん、投資の問題は新規投資のみならず、既存資産を削減するリストラクチャリングも含まれる。

バランス・シートへのブレイク・ダウン方法を簡単に頭出しすると、次のようになる。

図表26　財務戦略のフレームワーク

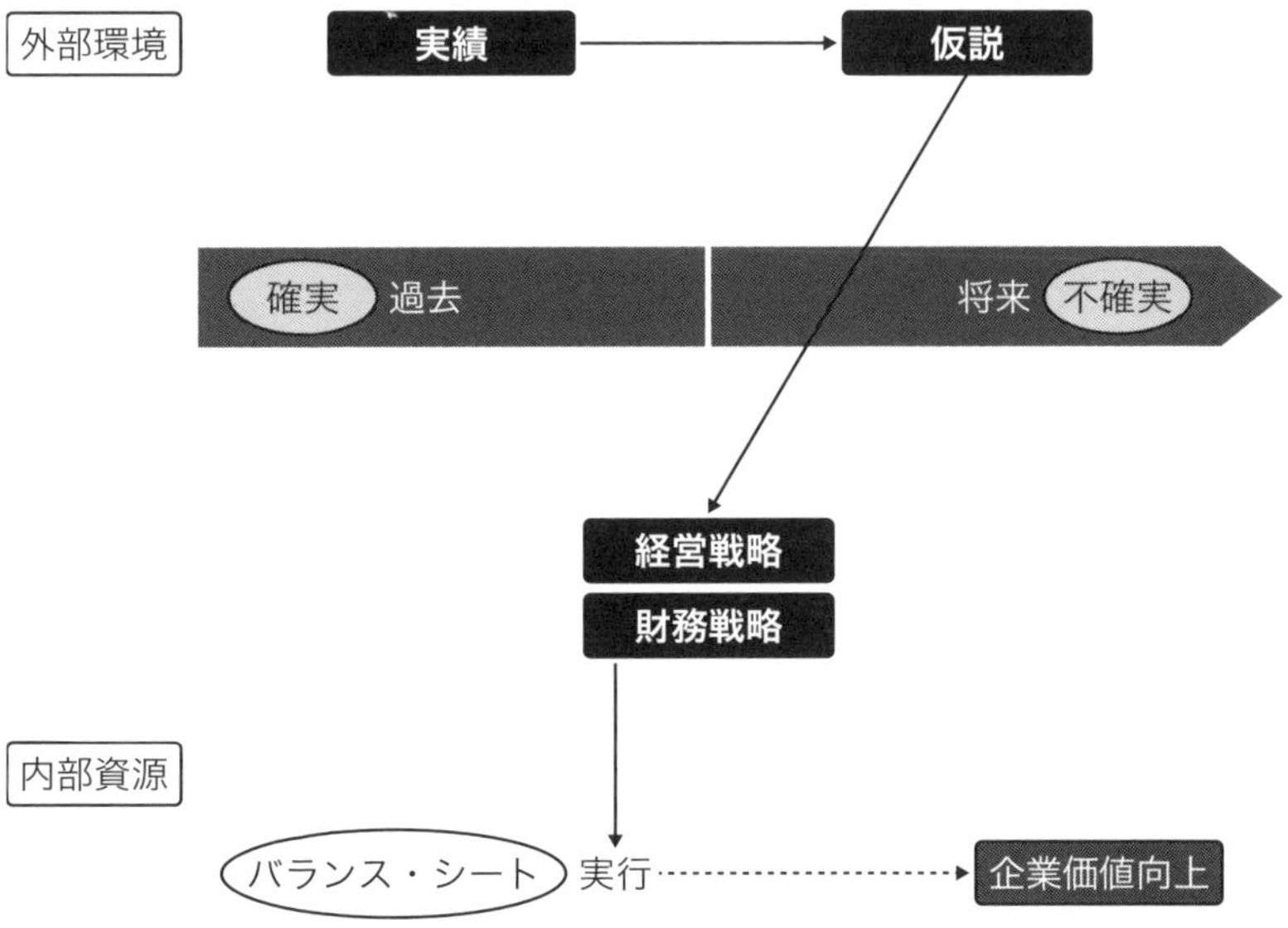

【何に投資をするのか】

（売上債権投資）

- どのような顧客に販売しどのような回収条件にするのか。

- 企業間信用金利をどの程度得られるのか。

（在庫投資）

- どのような在庫に投資をするのか。
- 製品の生産量はどの程度にするのか。
- デット・ストックの処分はどの程度するのか。

（不動産・機械設備）

- 所有すべきか賃貸すべきか（ＣＲＥ（※注５）の検討）。
- 製造・販売のための設備を内製化するのか。
- 現状の能力が今後の販売計画に照らして適切なのか。
- 拠点の拡大もしくは統廃合をするのか。

（※注５）CRE：Corporate Real Estate
国土交通省ではCREを次のように定義している。「CREとは企業が保有及び利用するすべての不動産を指し、企業価値向上の観点から戦略的視点に立って見直しを行い不動産投資の効率性を最大限向上させるという考え方」

（投資有価証券）

- 所有している株式は保有し続けるのか。
- 新たに資本・業務提携やM&Aを行うのか。

（研究開発投資）

- 新製品開発の必要性はあるのか。
- 現在進行形の開発プロジェクトは継続すべきなのか。

【どうやって調達するのか】

（買入債務）

- 在庫投資に伴いどのような支払い条件で仕入れるのか。
- 企業間信用金利はどの程度負担することとなるのか。

（借入金）

- CCCとの関係から所要運転資金はどの程度調達するのか。
- 設備投資資金はどの程度調達するのか。

- リストラなど資産削減に伴い借入による資本調達は必要か。内部資金で充足可能か。
- 債務超過などでデット・リストラクチャリングの必要性はあるのか。

（資本金）
- ビジネスリスクや長期投資計画を踏まえて増資は必要か。
- リストラなど資産削減に伴い減資および増資は必要か。

02 資本調達の類型

投資家により異なる期待

投資方針を決定したら、資本調達方法を検討することとなる。

そこで着手しなければならないのは、**資本を提供してくれる相手方を特定する**ことである。彼らは何らかの利益を獲得する期待を持ち、取引に応じてくれるわけであるが、結果として、企業のバランス・シートの負債、もしくは純資産のいずれかに参加してくれる投資家としての立場でもある。

銀行は「融資をすれば金利が稼げる」という期待から取引するが「借入金」という負債を供与する投資家である。株主は「将来株が値上がりして儲かる」という期待から取引するが「資本金」という純資産を供与する投資家である。

また、本書では銀行や株主など金銭を供与する投資家のみならず、企業間信用という形でバランス・シートに資本供与する仕入先も投資家として認識する。仕入先は「商品・サービスを売れば儲かる」という期待から取引するが「買掛金」という企業間信用を供与する投資家になる。

このように、**投資家は異なる期待をもってバランス・シートに参加するわけであり、企業はその期待に応え続けなければ資本調達ができなくなり、存続し得ない**。投資家がそれぞれ描いている期待はいずれも将来のことなので不確実性（リスク）を負っている。不確実性の度合は期待実現までの時間軸と質により濃淡がある。

資本コストと取引コスト

【資本コスト】

期待値の異なる投資家と対峙するにあたり、２つの重要なコスト概念がある。「**資本コスト**」と「**取引コスト**」である。

資本コストとは「**資本を提供してくれる投資家が求めるリターン**」のことである。銀行であれば金利、株主であれば配当や株価上昇によるキャピタル・

ゲインが明示的な要求リターンとして挙げられる。したがって、資本コストは経済的費用としての側面が強い。もちろん、株主が求めるリターンは経営に関与することなどで有形無形のリターンを得ようとすることもあり得る。このため、その計測方法には様々な議論があるが、本書では資本コストを経済的費用として認識するものとする。

また、仕入先から買掛金などの企業間信用で資本供与を受ける際にも資本コストは発生している。すなわち、企業間信用金利である。企業が仕入先から商品を仕入れると締日に商品代金の請求書が送られてくる。請求書には「企業間信用金利」などと内訳が記載されているわけではなく、企業間信用金利は商品代金に織り込まれている。仮に仕入サイトを短くして早く支払えば仕入先はディスカウントに応じてくれるであろう。このディスカウント・レートが企業間信用金利として商品代金に上乗せされていた部分である。

たとえば、「3カ月サイトで仕入を行っていたものを、1カ月サイトに変更した場合、どれだけ割引してくれるか？」といった問い合わせを仕入先にしてみれば良い。仮に「サイトを2カ月短くすることにより3％ディスカウントしてくれる」という回答だった場合、2カ月に3％の金利を取られていたということになる。これは年率18％の金利を支払っていたことを意味している。これでは、年率10％の高利のノンバンクから資金調達してでも仕入サイトを短くすべきということになるのだが、現実的にこれに近いケースは多い。たとえば、植杉威一郎ら（※注6）による中小企業向けアンケート調査の結果によると、企業間信用金利は年率11％程度であることが示唆されている。逆に、企業が販売先に対して、売掛金という形で企業間信用を供与している場合は企業間信用金利を受け取っているのである。

【取引コスト】

取引コストとは、**取引を行うに際し発生する手間暇**のことを言う。価格交渉を行ったり手続きのために連絡をとりあったり面談したりという非経済的費用のことを言う。この概念はロナルド・コースが提唱したものであり、その後オリバー・ウィリアムソンが発展させている有力な概念である。取引コストには以下の3つの類型がある。

〈情報探索費用〉

取引相手の価格、品質、納期などの「情報」を探索するための費用

（※注6）植杉威一郎ら『金融危機下における中小企業金融の現状』(2009)

（交渉・意思決定費用）

取引相手と取引条件を決定するための費用。エース人材など機会費用の大きな者が長い時間交渉に携わるとこのコストは大きくなる。

（契約締結・履行確保費用）

契約した内容を確認する費用や契約内容の履行状況を監視するための費用。一般に海外など商慣習が異なる取引相手と契約した場合にはこのコストが大きくなる。

では、投資家ごとの取引コストをどのように解釈すればよいだろうか。**仕入先から企業間信用の供与を受ける際の取引コストは低い**。仕入先にとっては企業間信用の供与は商品の販売と同義である。すでに取引関係にある企業に対しては喜んで企業間信用を供与してくれる。通常は与信枠を設定していて、その範囲内であれば特別な手続きを踏まずして取引を行う。このため、企業としてはもっとも簡単に資本調達が実現するのである。

他方、**銀行借入の取引コストは仕入先よりも高い**。銀行借入を行うには都度試算表や資金繰り表のほか、様々な資料を要求される。また稟議手続きに相応の時間を要するため、機動性にも劣る（もちろん、当座貸越枠やコミットメント・ラインを設定していた場合は別である）。

株主との取引コストはさらに高い。株主はリスク・マネーを供給する立場である。より慎重に企業の内容を分析したうえで投資の意思決定を行う。このため、もっとも取引コストが高い投資家と言える。ただし、企業にとっては自己資本の充実につながるほか、返済不要の資本を調達することでより長期的かつ不確実性の高い事業に投資することが可能となる。

以上の投資家別の資本コストと取引コストの関係を示したのが図表27である。

図表27には時間軸の概念も入れている。企業間信用と銀行借入は在庫投資などの短期投資に対応する資本調達である。この問題は後ほど詳細を説明する。また、銀行借入のうち長期借入と株式による資本調達は不動産やM&Aなどの長期投資に対応するものである。

図表27　資本調達の類型にみる資本コストと取引コスト

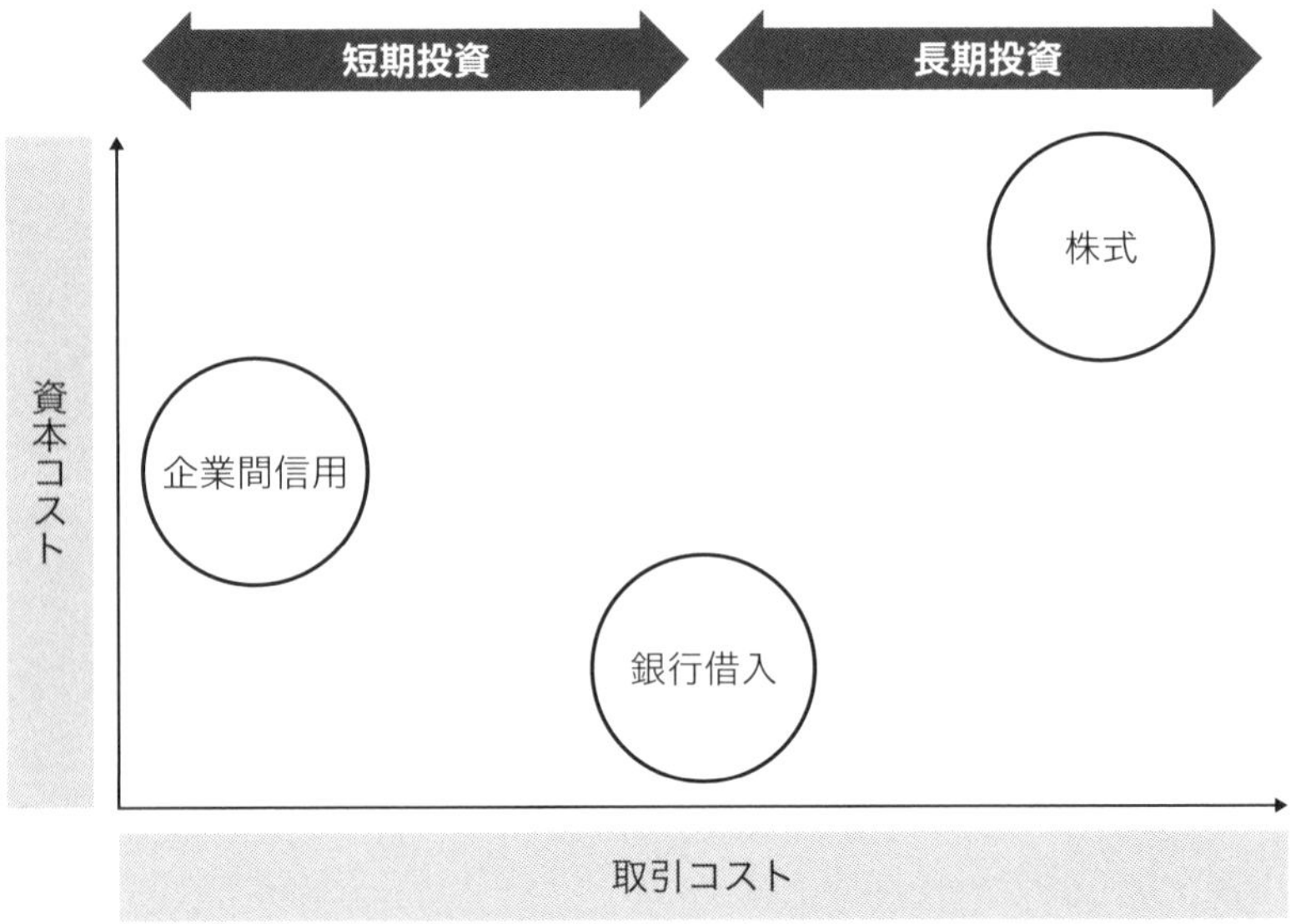

投資家別のビヘイビア

次に投資家別の行動面での特徴を述べる。

【仕入先】

仕入先は常時企業の現場と商取引を行っているため、企業の商売の状況をもっとも把握しやすい立場にいる。また、同じ業界で企業とともにサプライ・チェーンを形成している立場でもあり、業界事情に精通している。したがって、**もっともビジネスの質を理解している投資家**である。商品の売れ行きの状況などのほか、競合他社にも商品を納品している場合は価格情報も把握している。業界全体の外部環境の変化にも敏感である。

このような特徴を有するため、外部環境がネガティブに変化した場合や企業の内部資源において商取引の継続に影響を及ぼす重大な問題が生じた場合は、速やかに取引を縮小することとなる。つまり、逃げ足が速いのである。銀行や株主と比べると、ビジネスの質への理解が優れていることに加え、情報の非対称性の度合が低いためである。手強い投資家なのである。

他方で、一過性の赤字など商取引の継続に本質的に問題が生じていない場合は銀行が消極的になっていても積極的に信用を供与する側面もある。

なお、一般的には仕入先とのリレーション構築は、ファイナンス担当者ではなく、購買担当者や営業担当者が担っていることが多い。仕入先も企業のバランス・シートに参加してくれる重要な投資家の一つである。ファイナンス担当者は、**仕入担当者と情報共有を図れるよう社内的な制度設計を試みるべき**である。また、あまり考えたくないが、企業の仕入担当者と仕入先の関係は癒着の温床でもある。仕入先から見れば、仕入先担当者は大切なお客様であり、何とかして取り込もうとするのは自然の成り行きである。結果として高値で仕入れさせられてキックバックが支払われるなどの事態が有り得るのである。ファイナンス担当者が仕入状況について噛みこむことは、癒着を未然に防ぐという副次効果も期待できるのである。


【銀行】

銀行は国民の預金を預かり運用している立場である。預金者は「銀行に預けていれば安心だ」と信じており、さらに言えば、日銀を頂点とする金融システムそのものを信じているのである。

したがって、銀行はリスクに果敢に挑戦してはならない立場にある。

「社会のためにとても良い製品を開発している企業に融資したが、うまくいかなかったので融資金が返済されなかった。だからあなたから預かった預金も返せません」

「一生懸命頑張っている中小企業を応援するために融資したが、残念ながら倒産して融資金が返済されなかった。だから、あなたから預かった預金も返せません」

仮にこのような事態になれば、預金者は怒るであろう。リスクに果敢に挑戦する姿は美しいが、リスクを一切とらない預金者から資本を調達している以上、**極めて保守的な姿勢で取り組むことが求められている**のだ。

また、銀行はすべての業界と取引をしているため、一人の担当者が数十社以上の企業を担当することもある。このように業界に特化していないことや面談相手が企業のファイナンス担当者に限られることから、常時業界の外部環境の動向や企業の内部資源の動向を把握できる立場ではない。このため仕入先に比べるとビジネスの質への理解が乏しく、表面的な決算数値や他の取引銀行の動向に関心が向く傾向にある。

【株主】

株主は企業の所有者である。持ち株シェアに応じた法的な権利が与えられており、経営者は株主の利益のために働かなければならない義務がある。ただし、**株主の属性は多様**である。経営者自らが株主の場合は情報の非対称性がないため、ファイナンス担当者としてのＩＲ活動の対象外である。その他の株主について投資の目的別にビヘイビアを考えてみたい（※注７）。

（戦略的目的）

取引先などが長期的な取引関係を構築することを目的に企業の株主になる場合がある。また、本業とのシナジーを目的にＭ＆Ａを行うときや資本・業務提携を行うときに株主となることもある。これらは株主側に戦略的目的があることが前提であり、株主となったら企業の事業内容への関与が強くなることが予想される。**企業としては株主側の戦略的目的と自社の戦略的目的が合致する場合に限り出資を受け入れるべきであり、資本調達目的のみをもって受け入れるべきではない。**

（※注７）本章の84ページにおける「戦略投資家と金融投資家」も合わせてご参照していただきたい。

（金融的目的）

投資ファンドなどが相場の変動でキャピタル・ゲインを得ることを目的に株主になるケースなどである。一定期間内に売却することが前提であり、相場に対して割安な価格で出資することに主眼を置いて出資する。

（短期トレーディング目的）

上場企業の株主間の取引はもちろんのこと、ＩＰＯ実施時などに公募された株式を引き受ける株主も短期トレーディング目的であることが多い。公募株式を引き受ける株主は無機質な存在であり、もっともうるさくない株主である。**自己資本が不十分なときに不確実性の高いビジネスを計画したときはIPOを実現して公募増資を行う方法を採用するのがもっとも望ましい。**そのための制度設計として、金融市場にはマザーズなどのハイリスク企業向け市場が整備されている。

以上の投資家別の特性を先に述べた経営戦略のブレイク・ダウン事例に加えて整理したものが図表28である。

[redacted]

投資家	期待	時間軸	資本コスト	取引コスト
仕入先	商取引拡大	短期的	高	低
銀行	融資拡大（債権回収）	短期的	低	高

銀行	融資拡大（債権回収）	長期的	低	高

株主	株価値上がり	長期的	極高	極高
	—	—	—	—

図表28　経営戦略のバランス・シートのブレイク・ダウン

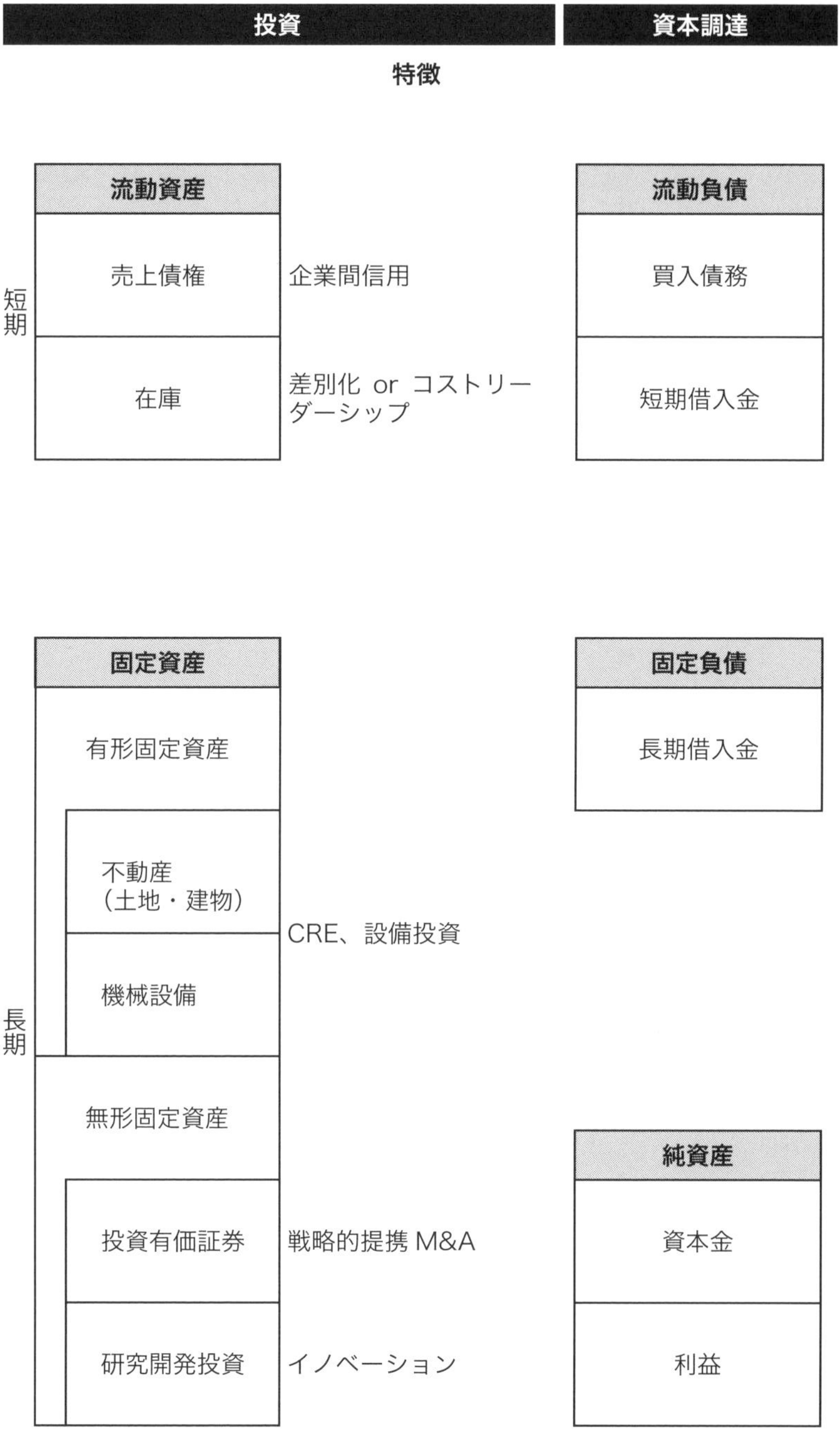

03 撤退ポイントとエクイティ・バッファー

損切りと利益確定

すべてのビジネスには撤退すべき局面が来る。この言葉の意味するところを個人的に株式投資やＦＸ（外国為替証拠金取引）をしている読者には感覚的に理解できるであろう。エントリーしてから自分の仮説通りに投資対象が動かなかった場合、損切りしなければならない。**損切りとは損失を確定することであり、投資が失敗に終ったことを意味すると同時に、損失を限定する行動である。**

仮説通りに現実が進まなかったにもかかわらず追加投資（ナンピン）して耐えるのは愚の骨頂である。もちろん、ナンピンが成功することもあるが、投資の意思決定時点での仮説が崩れた時点でその投資は間違えていたということとである。ただ、個人の責任で個人の資金を投じている分には意思決定の妥当性など誰からも問われない。ナンピンするなり資金を溶かすなりしても誰に迷惑をかけるわけでもないので本人が痛むだけである。

しかし、株主や債権者から資金の使い方に付託を受け、数多くのステイク・ホルダーに説明責任を果たさなければならない企業としては、常に「**意思決定の妥当性**」が問われるのである。

不確実性に挑む以上、仮説の誤りによって投資が失敗することは所与である。したがって、投資の失敗は悪いことではない。**投資の失敗を認めないことと、すなわち、失敗が明らかとなってからも撤退しないことが悪いことなのである。**失敗を認めないとナンピンすることになる。ナンピンとは設備投資などの固定資産の投資だけではない。失敗した事業に従業員を従事させ続け、人件費や家賃などのランニングコストへの投資を継続することも含まれる。すなわち、失敗した事業を継続することそのものがナンピンなのである。その結果、ロスが拡大することにつながるのだ。たまたまナンピンが成功することを狙うより、株主の資本に現在以上のダメージを与えないことを優先しなければならないのである。

反対に、仮説通りに現実が進み投資が成功した場合を考えてみよう。目論見通り投資回収がなされると、果実を受け取るステージに移ることになる。順調に収益を獲得し成功の果実を十分に受け取ると、永遠に同じ状況が続くような錯覚を覚える。しかし、外部環境は変化する。競合他社が新たな戦略を打ち出しシェアを侵食するかもしれないし、顧客が心変わりして離れるかもしれない。その場合、これまで獲得した果実が目減りすることになる。赤字に転落したまま座していると投資回収した元本にまで赤字が侵食することとなる。ここまで来れば、投資は失敗したということになる。**成功した投資でも、利益確定のタイミングを逸すれば失敗に転落する可能性をはらんでいるのだ。**

成功した投資でもいずれかのタイミングで撤退し、利益確定しなければならないのである。**利益確定**とは利益をこれ以上受け取らないことを意味している。過去の成功体験が邪魔をして外部環境が変化しているにもかかわらず利益確定ができず、損失に陥ってもナンピンをして成功を無にしてしまうのである。老舗企業などが業績不振に陥るのはすべてこのパターンである。

ただし、損切りができないにせよ、利益確定ができないにせよ、現場の人間としては自然な心理でもある。株式トレードで言えば、損切りと利益確定は保有している株を売却することである。実業における損切りと利益確定は対象となる事業を売却することを意味している。

一つの事業には多くの従業員が関与しており多くのドラマがある。現場のドラマがまったくない無機質な株式トレードでも損切りができない心理が働くのに、現場にいる人間がそれらを簡単に切り捨てることはより困難な行動となる。なんとか復活できるために努力しようとするのが人情なのである。

しかし、スポーツならいざしらず、株主や債権者をはじめ多くのステークホルダーに対して責任を持つ企業としては、夢に懸けて散ることは許されない。**そこを客観的に評価し、判断を下すことがファイナンス業務のつらく、かつ重要な役割なのである。**

撤退を容易にする制度設計

そうは言っても、現実的には社長や実力のある取締役が肝いりで投資した事業に撤退の判断を下すことは組織人として難しいはずである。筆者も職業柄多くの企業の取締役会や経営会議に参加してきた。そこで問題点として感じているのは、**新規投資の稟議を実施する場合は「投資する理由」と「投資する意義」しか議論されていないことが多い。**失敗した場合の対応には一切触れていないのである。「起案部署の長が責任を持って成功させるから投資をさせてくれ」というトーンである。これでは投資の後に失敗しても撤退はできない。

「お前がそこまで言うならやってみよう」という雰囲気は確かに美しい。しかし、投資は「不確実性への挑戦」である。将来のことは誰にも保証されていないのである。つまり、成功とともに失敗も想定内のものであることを念頭に置き、投資の稟議を上げる際には、

「**一定の条件をクリアできなければ撤退する。その場合は損失がいくらで確定するので我が社全体への影響は限定的となる**」

ということを明示すべきである。

投資実行時点での稟議において、予め失敗を想定しておくことで、損失が限界点に達した時点で強制的にゲーム・オーバーとなる建付けにするのである。そうすれば、組織の中で誰も悪者になることもなく、適切なタイミングで撤退が可能となる。なぜなら、それが投資実行時点の稟議条件だからである。要するに、**投資実行時点で強制ロスカット・ルールを起案部署自ら定めるのである。**

金融ビジネスとの違い

株式投資やＦＸなどの金融商品を売買することを生業とするのは金融ビジネスである。投資対象に対して自ら付加価値を加えることはできないため、投資が失敗した場合に現場をテコ入れするなどして売上向上を図ることができない。このため容赦なく損切りを行う必要がある。

ところが、実際に財やサービスを創出し、顧客に販売する企業の場合、当初の戦略の誤りが決定的でない場合、自らの努力で戦略実行の方法に修正を加えて挽回を図ることが可能である。ただし、これは現場の仕事である。営業現場やモノ作りの現場が担う仕事であり、ファイナンス担当者の業務ではない。ファイナンス担当者としては、現場が微修正する時間軸も考慮して撤退のタイミングを判断することとなる。

この点が、金融ビジネスと実際に実業を営む企業の違いである。金融ビジネスに比して撤退ポイントが少々遅くても構わないということである。

撤退ポイントの想定

では、撤退ポイントをどのように定めれば良いのだろうか。典型的なケースをいくつか挙げて説明する。

【成功事例の撤退ポイント】

通常、事業開始直後は赤字になることが多い。図表29に示したケースAでは事業開始後2年目までは赤字となっている。やがて事業が軌道に乗り、3年目に単年度黒字化を達成し、5年目に投下資本を回収する。6年目以降は果実を受け取るステージに移っている。

しかし、11年目に単年度赤字転落となった。ここで、単年度赤字の要因が一過性のものと断ずることができる場合は、従来の戦略を踏襲するべきである。しかし、すでに外部環境が変わっており、もはや事業の内部資源が適合的でない可能性がある。このため、戦略再構築の必要

図表29　投資プロジェクトの事業損益推移例と撤退ポイント

投資プロジェクトの事業損益推移例（ケースA）

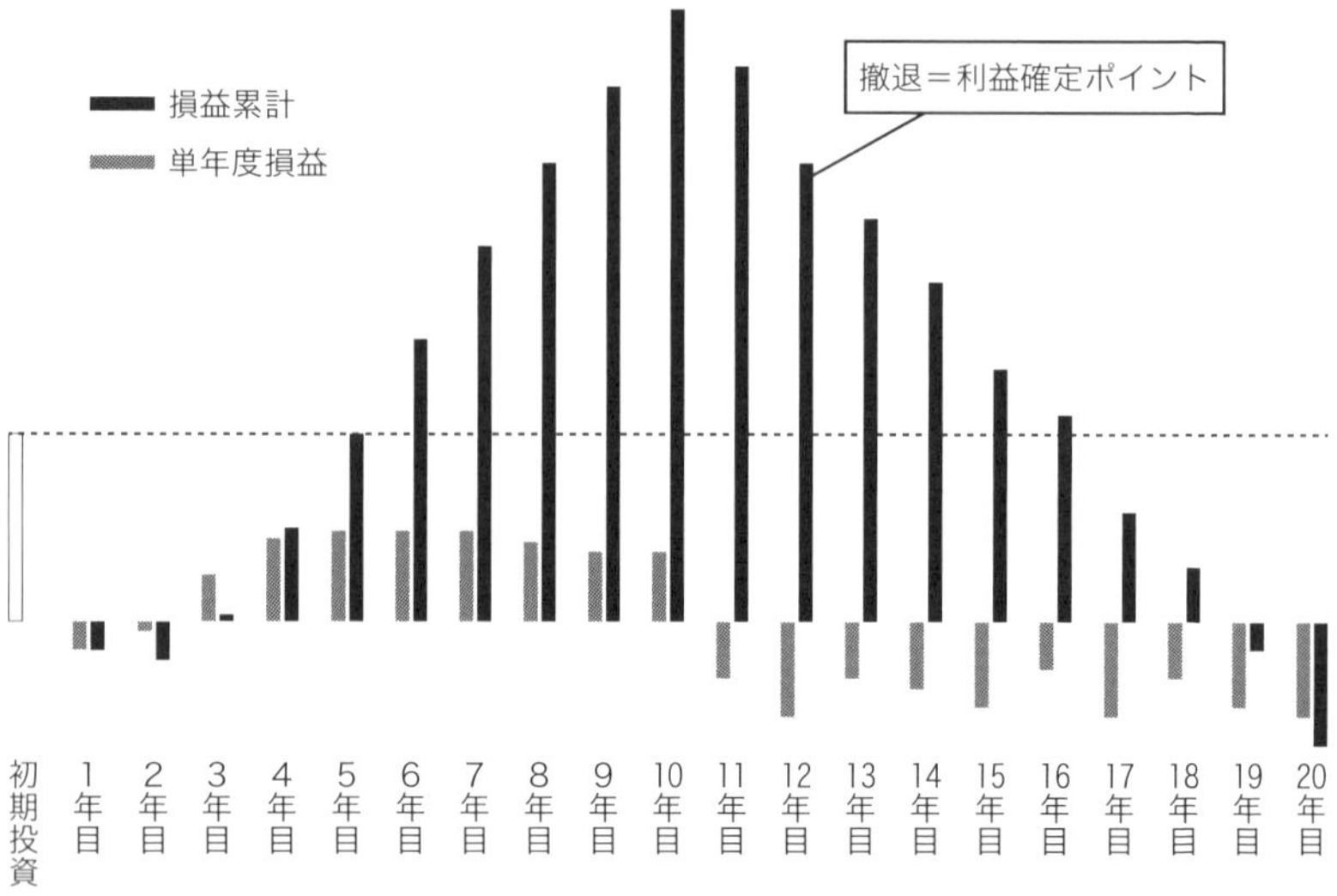

性を十分に検討しなければならない。

仮に戦略再構築が必要と判断される場合は、必要に応じて撤退を図るか、既存の資源を活かしつつ戦略転換を行うかを検討する。他方、戦略レベルの再構築は不要と判断された場合、オペレーションの方法など、現場レベルの改善を図ることで12年目を戦うこととなる。この結果、二期連続赤字を回避できたのであれば、事業を続行すべきであろう。

しかし、オペレーション改善のみでは収支は改善せず、二期連続赤字となった場合は撤退し、利益確定すべき局面となる。このまま事業を継続していれば、これまで積み上げた利益が食いつぶされ、やがて17年目には投資元本を割ることとなる。成功したプロジェクトが失敗プロジェクトに凋落することになるからである（図表30）。

なお、ケースAでは20年間の収支を例示している。ケースAの事業は製品のエントリーから成長段階、成熟段階、衰退段階、といったライフ・サイクルが20年間にわたって展開されることを意味している。当然、事業の内容によってはライフ・サイクルが大きく異なる。ものづくりに関わる製造業であれば半年～10年程度の短期間でライフ・サイクルが終了する。反面、建設業や不動産業などのように技術革新や社会的要因などの外部環境の影響を受け

図表30　投資プロジェクト実行後のモニタリング

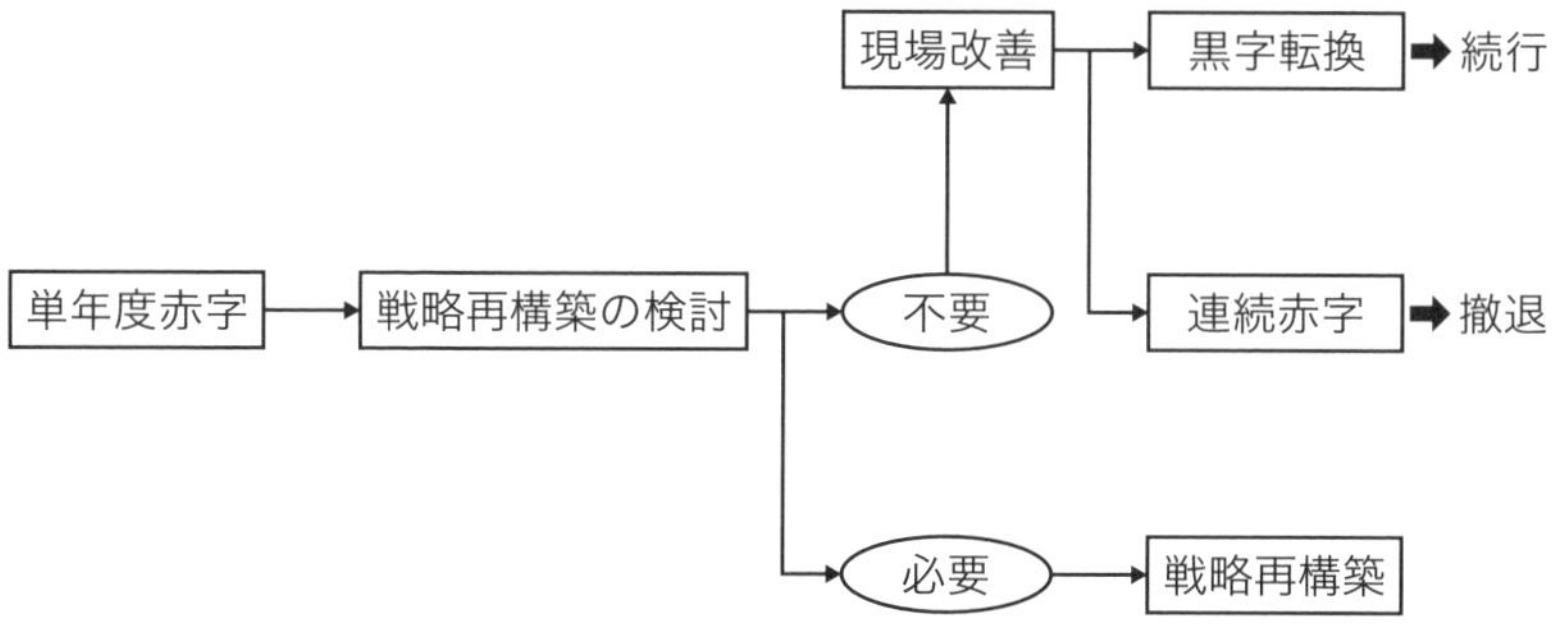

にくい事業であれば、ライフ・サイクルは超長期的なものとなる。

対象となる事業のライフ・サイクルを念頭に置き事業計画を策定していただきたい（※注8）。

なお、本書では詳細を述べないが、ブランド力の向上やマーケティングの強化などでライフ・サイクルを長期化する努力を行うべきであることは言うまでもない。

【失敗事例の撤退ポイント】

次に失敗事例の撤退ポイントについて検討してみたい。失敗事例は多様なケースが有り得る。予定通り単年度黒字化となっても、予定した時点で投下資本回収に至らない場合もあれば、当初から想定を超えた累積赤字になる場合もある。いずれにせよ計画通りに事業が進まなかった場合、先の図表30のプロセスにしたがい、**問題が一過性のものに過ぎないのか、戦略を再構築すべきなのかを検討することが初動**である。現実的には図表30のプロセスのように二年連続赤字で速やかに撤退することは困難であろう。しかし、いずれかの時期に限界点が来る。その時が撤退ポイントのタイミングとなる。

成功事例の撤退は利益確定であり投下資本が毀損することはないが、失敗

（※注８）製造業については経済産業省が発刊している『ものづくり白書』において適宜業種別の製品ライフ・サイクルのアンケート調査が示されている。

事例の撤退は投下資本が毀損することが前提である。

このため、失敗事例の撤退ポイントは**自社が許容可能な損失の限界値から逆算する**こととなる。ここで事業への投資に必要な投下資本には出資金や内部資金などの「**自己資本**」と銀行借入などの「**他人資本**」がある。「自己資本」は株主に帰属し、「他人資本」は債権者に帰属する。「自己資本」が毀損しても倒産には至らないため、株主の理解が得られれば構わない。

しかし、「他人資本」については、一部でも毀損することとなれば補てんが必要となる。株式やＦＸ投資で「自己資本」に相当する保証金を超えた損失を被った際に支払う「追い証」と同じである。「追い証」が払えなければ退場となり、倒産となる。

したがって、毀損する投下資本のうち、**「自己資本」を超えた累積損失は一切許容してはならない**。この概念は全社レベルで考えれば誰でもわかることだが、個別の事業プロジェクトとなると、他の事業で生んだ収益で損失を補てんするなどして、事業を継続することが多々ある。多くの場合、当該赤字事業プロジェクトが全社の収益を蝕むこととなり、仮に収益を生んでいる他の事業に何らかのショックが発生した際に全社レベルで耐えられない状況となる。

図表31は単一の事業投資の撤退ポイントをバランス・シートの増減で示したものである（全社レベルのBSではない）。事業に失敗すると赤字となり、資産と自己資本が減少する。ここで損切りすべき撤退ポイントの最大値は、当該事業の投下資本のうち自己資本が全額毀損するレベルとなる。ただし、投下した自己資本が全額毀損しても構わないという判断は稀であろう。たとえば、「自己資本の50％が毀損したら撤退する」といった形で全社レベルへの当該事業の影響度を加味して決定するのである。

エクイティ・バッファー

先に述べたように、失敗事例の撤退ポイントは累積損失が投下自己資本相当額に達したときが限界点である。つまり、投下資本のうち自己資本部分が損失を受け入れるクッションとして機能している。自己資本を損失受け入れのクッションとして捉えることを**エクイティ・バッ**

図表31　事業の成否と撤退ポイントの限界値

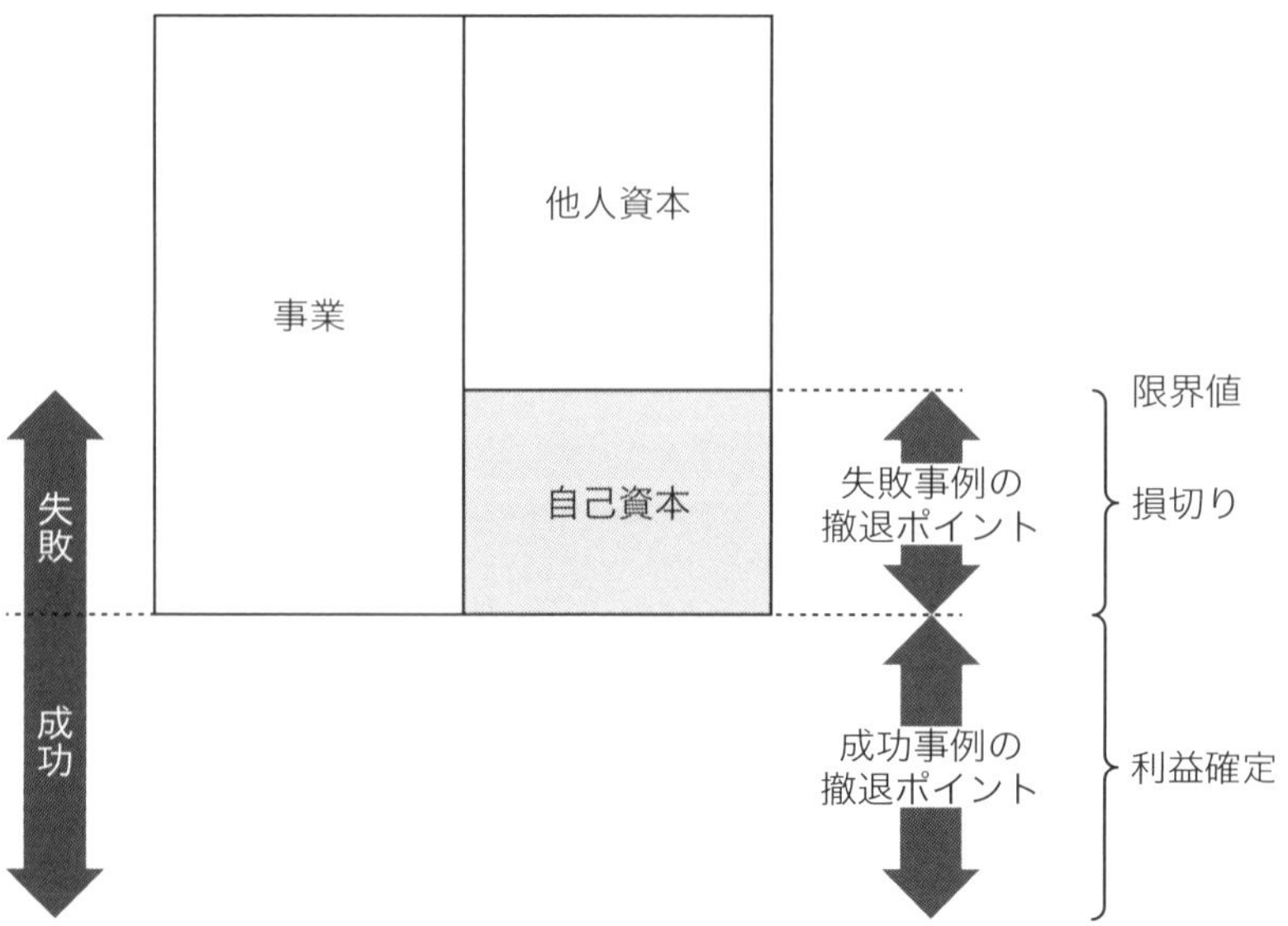

ファーと言う。

ビジネスは不確実性への挑戦であり、失敗が続いても大化けして大成功を収めることもある。それは事業の質に依存するのである。**事業の質を見極めたうえで、投下資本の資本構成を検討しなければならない**。たとえば、医薬品製造業の新薬開発事業などの場合、多くが失敗するが、成功すればその果実は計り知れない。未だ製品ライフ・サイクルのエントリーに至っていない事業であり、製品化には相当の期間を要する。このような場合、「研究開発投資に毎年1億円、計10年を期限として最大10億円の自己資本を投下する」というように、**投下資本の調達は全額自己資本で賄い、かつ長期間にわたって当該事業を行える建付けが必要である**。つまり、10年間損失を続けても構わないというエクイティ・バッファーを担保して事業を行うこととなる。

エクイティ・バッファーとして自己資本を機能させるためには、後付けでは間に合わない。前記の新薬開発事業を行うに際し、投下予定資本のうち3億円を自己資本、7億円を他人資本で賄ったとする。事業開始後3年経過しても新薬は開発されない。しかし、開発現場は「あと少しで開発できそうだ。継続させてくれ」となる。この場合、追加で資本注入を行うインセンティブが働くが、企業に倒産危機をもたらすことを意味する。エクイティ・バッファーが3億円であれば、累積損失が3億円になった時点で強制ロスカットしなければならない。

企業が事業投資を行う際には、**最長の挑戦期間を踏まえた最大損失額から自己資本額を見積もり、投下資本の資本構成を検討する**のである。手元の自己資本が不足している場合は、増資をするなりIPOを行うなりして、必要となるエクイティ・バッファーを担保してから事業に着手するべきである。

04 長期投資戦略の形成

ビジネスモデルを規定する長期投資

長期投資は企業経営の仕組みづくりである。いかなる事業においても経営のオペレーションに至る前段階で長期投資を実行する。このため、**長期投資戦略は財務戦略形成にあたり、最初に着手しなければならない事項である。**

長期投資は財・サービスの提供や人材投資のあり方、投資家や顧客とのリレーションシップ構築のあり方に影響を及ぼす。また、経営者の意思表示をもっとも顕著に表す側面もあり、それらのすべてが企業のビジネスモデルを構成する主要な要素となる（図表32）。

図表32　長期投資と規定される資源の例

長期投資		規定される資源	
不動産	機械・設備	財・サービス	ビジネスモデル
	生産拠点		
	本社・営業拠点	企業イメージ・営業	
投資資産	有価証券	グループ企業・アライアンス企業	
	研究開発投資	新たな財・サービス	

キャッシュ・フローへの影響と負債利用

また、**長期投資は短期投資に比べて、投下資本の回収がより長期にわたる。**このため、調達した資本が長期間拘束されることとなり、企業経営の活動の大きな制約要因となる。したがって、キャッシュ・フローへの影響を十分に考慮の上、投資と調達の意思決定を行うこととなる。

事業の不確実性は**キャッシュ・イン・フロー**に反映される。予定通り回収できるかどうかはわからないということである。逆に、**キャッシュ・アウト・フロー**は将来のことであっても確実に発生する。回収とは違い、支払いは将来のことであっても不確実性がないのである。

では、長期投資はすべからく自己資本で調達すべきかと言えば、そうとも言い切れない。通常は営業拠点や生産拠点などの長期投資に基づき、在庫投資や売上債権投資などの短期投資を行う。この短期投資の回収（または回収見込み）から買入債務などの短期資本調達の返済を行う。さらに、人件費などの営業費用を払った後の残余利益から長期的資本調達の返済を行う。つまり、**長期投資の回収は短期投資の成果からもたらされる**のである。したがっ

（※注９）第１章で述べたように、不確実性は「時間」とビジネスの「質」によって規定される。

て、**短期投資の不確実性の質が低ければ、長期投資の不確実性も質の面においては低くなる**（※注9）。短期投資の不確実性が低い場合は、長期投資の資本調達においても一部は借入による調達を行っても問題ないこととなる。**長期投資にかかる調達資本の負債比率は短期投資の不確実性に反比例する**のである（図表33）。

たとえば、ベンチャー企業であれ、老舗の大企業であれ、未知の領域に挑戦する新規事業に取り組む場合、その事業の短期的な不確実性は高い。この場合は長期資本調達の負債利用の割合は低く抑制すべきである。他方ですでに実施している既存事業で成長局面にある場合、または成熟局面が当面続くことが見込まれる場合は短期投資の不確実性は低くなり、それに伴う長期投資の負債利用は望ましい行動となる。

図表33　短期投資の不確実性と長期投資の資本調達

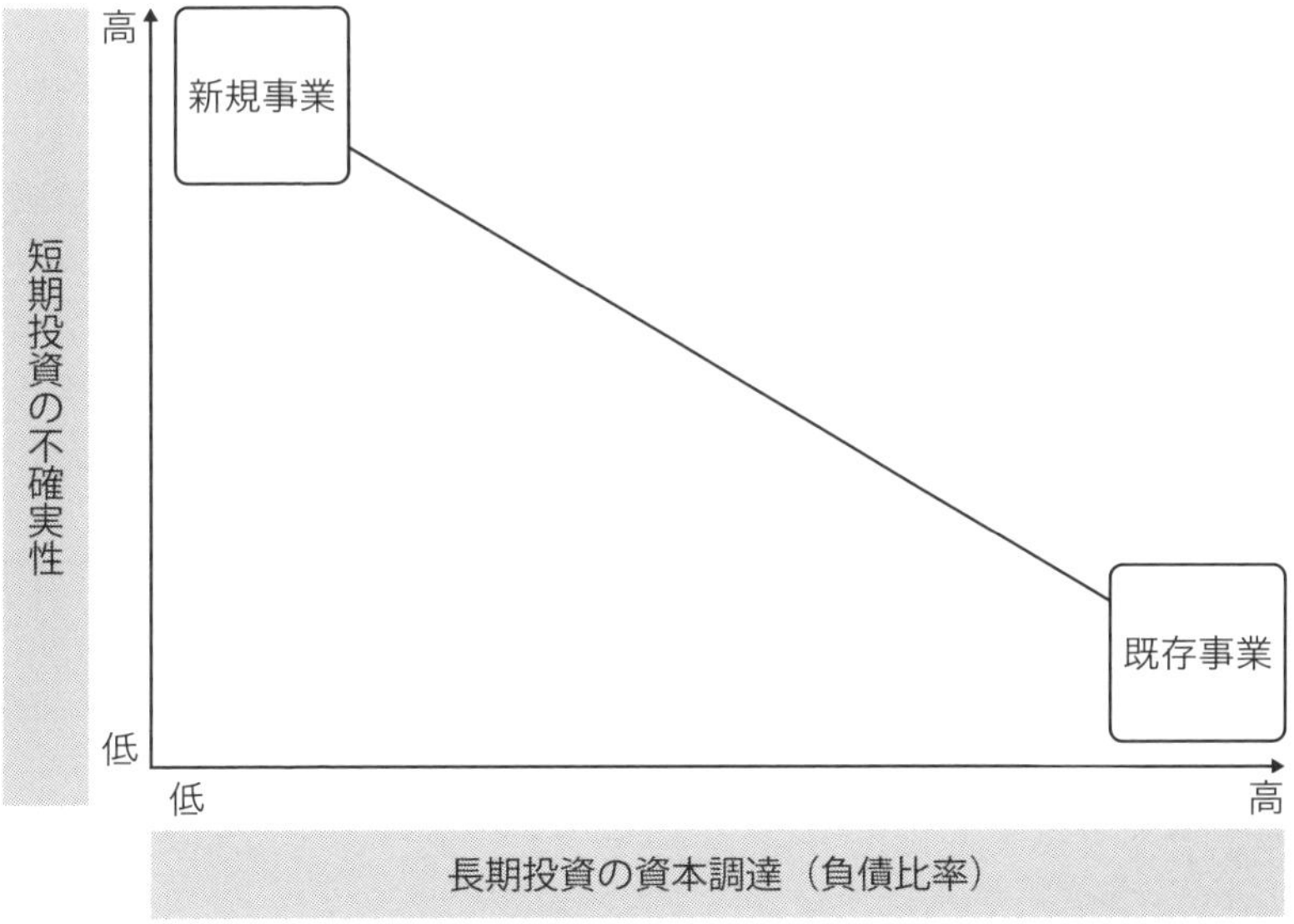

戦略的提携とM&A

戦略実現のための内部資源が不足している場合、**戦略的提携、M&A**により他社の内部資源を活用することを検討する（図表34）。

【戦略的提携】

戦略的提携とは、**共通の目的をもって他社と「業務提携」を結ぶこと**である。出資関係を伴う業務提携はジョイント・ベンチャーなども含めて、「**資本・業務提携**」と呼ぶ。

戦略的提携は自社の戦略実現のために他社の内部資源を活用する目的で実施するものだが、相手方も同様の目的を持っていなければ実現しない。

図表34　戦略的提携とM&Aの戦略への活用

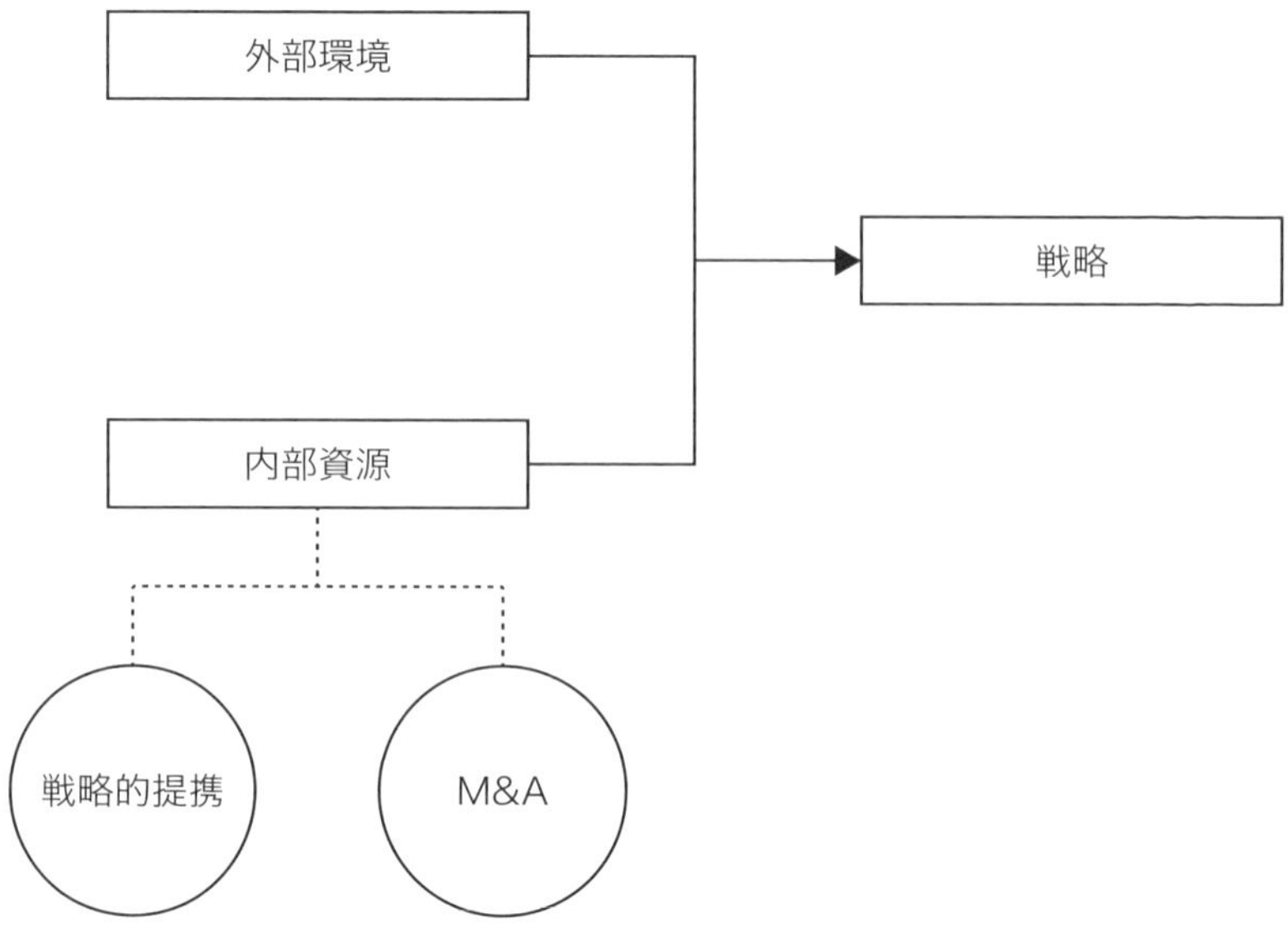

【M&A】

M&Aは、**相手方企業を買収し傘下に収めることにより、他社の内部資源を内製化しようとする取り組み**である。資本・業務提携よりも出資シェアが大きく、連結子会社になるレベルのときにM&Aという。戦略的提携に比して、強度が強く一体化を目指すイメージとなる。

なお、M&Aは近年一般化している戦略行動であり、ファイナンス担当者にとっても主要なエグゼキューション業務となる。第3章において詳しく述べることとする。

【相手方との情報の非対称性】

戦略提携にせよ、M&Aにせよ、他社の内部資源を活用することは高い不確実性を伴う。他社の内部資源はそもそも自社にとっては外部環境であり、コントロール不可能な事象として位置づけられるからである。**本来外部環境である他社の内部資源を活用するためには、自社の内部資源と同様のレベルまでに情報を把握する努力が必要となる。**ここで再び情報の非対称性が登場する。

相手方の内部資源を把握するために、第一にビジネス・デューディリジェンスを行うこととなる。外部コンサルタントを用いるなどして**相手方の事業内容を精査し、情報格差を低減することが必要となる**。相手方から提供された情報の真偽を確認するとともに、自社の目的に合致するものかどうか、どのようなリスクと機会が見出せるのか見極めるのである。

それでも相手方の情報を完全に把握することは不可能である。それはそもそも自社では持ち合わせていない情報に依存するからである。相手方の情報を完全に把握できる企業は、相手方と同等の知識や経験といった内部資源を持っている企業である。

しかし、逆説的に言えばそのような資源を持っている企業はそもそも戦略的提携やM&Aなどによって他社の内部資源を活用する必要性はないのである。したがって、**戦略的提携やM&Aを行う企業はクロージング前に情報格差低減のための最大限の努力を行うのみならず、クロージング後においても情報格差を埋める努力を継続していくことが必要**となる。

05 短期投資戦略の形成

CCCと所要運転資金

次に、短期投資の中心的なテーマである売上債権投資、在庫投資、それに伴う資本調達としての買入債務との関係について述べる。

一般に、売上債権の回収や買入債務の支払いなどは資金繰りの範疇で認識される。資金繰りは経理業務の一環で行われることが多い。各事業部から直近から半年先程度の収入と支出の見込みを集計し、資金が不足しないかどうかをチェックするに留まっている。しかし、それでは企業の利益最大化の機会を逸することになる。

一般に「もらうものは早く、払うものは遅く」とするのが経営の肝であると考えることが多い。しかし、企業間信用には高利の見えざる金利が負荷されており、単純に考えれば、「高利を負荷してもらうものを遅く、高利をディスカウントして払うものは早く、足らずを低利の銀行借入で充足」したほう商取引の粗利率は高まる。しかし、急速に成長している局面で仕入代金の支払いを銀行借入に依存していては、調達の機動性が劣るため商機を逸することにつながる。このように、短期投資は単純な議論ではなく、経営戦略との関連性を踏まえた「**いかなる流動資産に投資すべきか、そして、そのカネをいかなる流動負債で調達すべきか**」という財務戦略の議論として捉えるべきなのである。

短期的な投資と運用の問題を戦略的に考察するために必要な概念が**所要運転資金とキャッシュ・コンバージョン・サイクル**（以下「**CCC**」と言う）である。

所要運転資金とは「**売上債権＋在庫－買入債務**」により求められるものであり、売上債権と在庫の額に対する買入債務の額のギャップを表すものである。バランス・シートにおける所要運転資金の位置づけは図表35に示すとおりである。

所要運転資金の概念は、企業の仕入から販売までの活動を表す勘定により構成されており、買入債務については仕入先への支払い条件によって、売上

図表35　バランス・シートにおける所要運転資金

売上債権	買入債務
在庫	所要運転資金

債権については販売先からの回収条件によって、そして、在庫については取り扱う製品の特性によって、その多寡は規定される。

仕入先への支払いサイト、販売先からの回収サイトが早ければ買入債務や売上債権の額は小さくなり、遅ければ大きくなる。また、回転の早い製品を取り扱っている場合は在庫の額は小さくなるし、常時大量の在庫を抱える必要がある製品を取り扱っている場合は大きくなる。したがって、**所要運転資金は、企業の経常的な商取引のキャッシュの支払いから回収までの時間軸により規定されるもの**なのである。

小売業や飲食業などのように、仕入は買掛で仕入れているのに、仕入れた在庫は数日間で販売され、さらに販売条件は現金で回収している業種は、買入債務よりも在庫及び売上債権の合計が少ない。このような場合、所要運転資金は発生しない（図表36）。

所要運転資金が発生しない取引条件であるにもかかわらず、かつ他の投資をしたわけでもないのに運転資金借入を必要とする場合は、その資金使途が赤字補填資金であることを認識しておかなければならない。そのような局面に直面した場合、直ちに売上を増やすか、コストや資産のリストラクチャリングを行わなければならない点に留意が必要である。さらには、リストラク

図表36　所要運転資金が発生しないバランス・シート

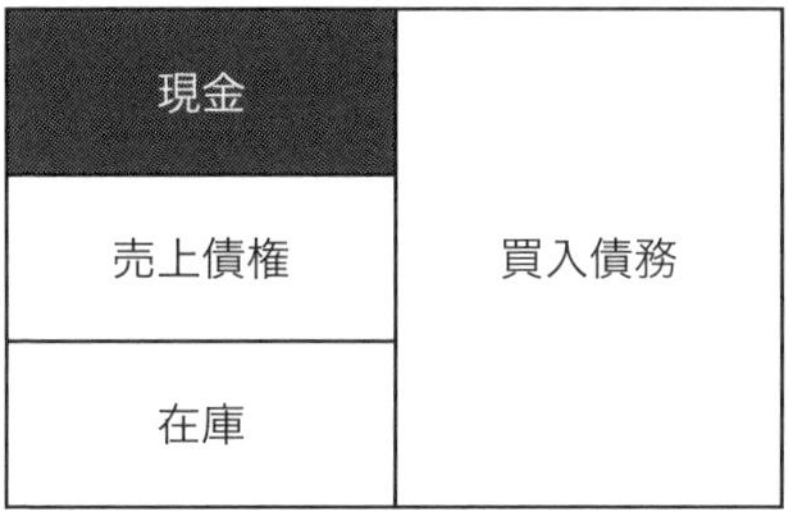

チャリングの先に均衡点が見出せないのであれば、**ビジネス・モデルそのものを見直す時期に来ているということも認識しなければならない。**

ところで、所要運転資金は売上債権や在庫、買入債務の回転期間に基づき算出することも可能である。この考え方のキーワードがCCCという概念である。所要運転資金の議論を実務的に有用なものにするためには、この概念が非常に重要なものとなる。

一般に、CCCは日数ベースで表示されることが多いが、本章では所要運転資金算出のための売上を月商ベースとしていることから月数ベースで表示するものとする。また、各回転期間の算出に当たっては対売上ベースでの回転期間とする。実務的には違和感がないものと思われるが、学会においては在庫及び買入債務の回転期間については原価ベースで表示しているケースが多い。しかし、本章においては所要運転資金には商取引を通じて得られる粗利相当額も含めて議論を行うため、すべての回転期間を売上ベースで表示するものとする（図表37）。

企業は商取引を行うにあたり、仕入先から商品仕入（買掛金発生、在庫発生）を行ってから当該商品を在庫として抱えた後に販売先に販売（在庫の原価計上、売掛金発生）する。このとき、仕入先への買掛金の支払いが先に発生し、販売先からの代金回収が後になる場合、当該期間中、資金ショートすることになるが、その期間をＣＣＣと言う。ＣＣＣの概念は、図表28に示すとおりであり、次の式で求められる。

ＣＣＣ＝売上債権回転期間＋在庫回転期間－買入債務回転期間

ＣＣＣが発生している間、企業は仕入代金の決済資金のほかに、経費を賄うための粗利相当分の現金が必要となる。言うまでもなく、企業の運営経費である一般管理販売費は、粗利の中から支払わなければならないからである。この仕入代金決済資金及びキャッシュ化されていない粗利相当額が、冒頭述べた所要運転資金なのである。

すでに述べたように、所要運転資金は「売上債権＋在庫－買入債務」により求められるが、ＣＣＣに基づき示すと次の式により求められる。

図表37　CCCの概念図

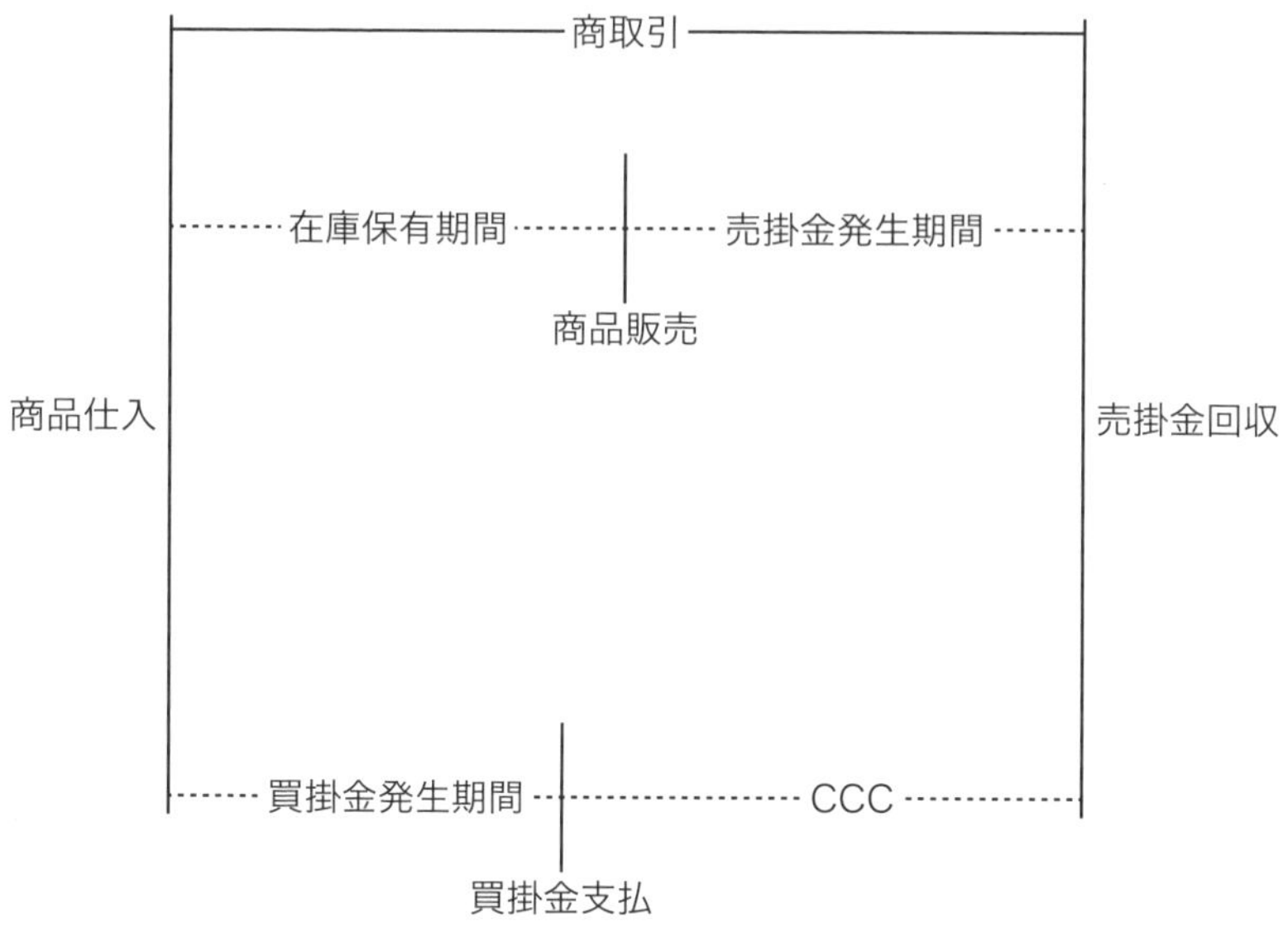

所要運転資金＝平均月商×ＣＣＣ

以上のように、所要運転資金は仕入の決済資金と粗利で構成される概念であることから、健全な運転資金需要と言える。一般に、銀行も所要運転資金相当額は問題なく貸出を行う傾向にあり、金融庁においても所要運転資金のことを「正常な運転資金」として定義している（※注10）。

ＣＣＣの構成要素

短期的投資は商取引上の売上債権や在庫への投資が中心となる。また、それらへの投資に対する資本調達は買入債務及び銀行借入となる。ＣＣＣが長い場合は所要運転資金需要が拡大し借入は増える。ＣＣＣが短い場合、所要運転資金需要は縮小し、借入は減少する。

ＣＣＣの長短は「**売上債権**」「**在庫**」「**買入債務**」という3つの構成要素により規定される（図表38）。

- **売上債権……販売先との回収条件やサイト**

（※注10）『金融検査マニュアル』（預金等受入金融機関に係る検査マニュアル）平成24年6月、p.214

- **在庫……ビジネスの特徴（受注生産あるいは内製化など）**
- **買入債務……仕入れ先との支払条件やサイト**

CCCが短くなることは資金繰りの改善を意味し、長くなることは資金繰りの悪化を意味する。

ところで、短期的投資においても投資する資産のリスク・リターンに応じて資本調達方法を決定しなければならない。そのためにはCCCの構成要素別に資産の質及び負債の質を検討する必要がある。

【売上債権】

売上債権の回転期間を長期化するということは、「代金回収を待ってあげる」行為であり、カネを貸す期間を長期化するということである。この場合、資金繰りには悪影響を及ぼすが、より多くの企業間信用金利を得ることができる。

他方、代金回収を早期に行うことは資金繰りを楽にするか、企業間信用金利の獲得機会を放棄していることを意味している。

図表38　CCCの構成要素の影響

	短期化	長期化
売上債権回転期間	CCC⬇	CCC⬆
在庫回転期間	CCC⬇	CCC⬆
買入債務回転期間	CCC⬆	CCC⬇

【在庫】

仕入れた在庫を早期に販売につなげることができるということは、受注生産型の商品を販売している場合など、仕入れる在庫に対して企業が特に手を加えることなく販売できる状態と言える。この場合、ほぼ完成品に近いものを仕入れることとなるため、仕入コストが高くなり多くの粗利益を確保できない。薄利多売ビジネスになる。

他方、在庫回転期間が長いということは、原材料に近いところから仕入を行い、自社で製品化する手間ひまを掛けていることを意味する。この場合、製品のオリジナリティが高く高粗利が期待できる。

したがって、企業の戦略との関係で言えば次のようになり、これは取引先との交渉で決まることではなく、企業自身の戦略選択の問題と言える。

在庫の回転期間が短い企業は取引頻度の多い製品を取り扱っている。バランス・シート上に多くの在庫を抱えることなく、仕入れた先から売れていくイメージである。取引頻度が多い製品は市場規模が相応にあり、コモディティ化された製品である。製品ライフ・サイクルが成熟化段階にあり、コスト・リーダーシップ戦略に基づき、薄利多売で事業展開をしていることとなる。

逆に、在庫の回転期間が長い企業は、取引頻度の少ない製品を取扱っている。取引頻度が少ないため、多くの在庫を抱えることとなっているのだ。取引頻度が少ないということは取扱製品がコモディティ化しておらず、市場規模が小さい可能性がある。この場合、差別化戦略を志向している。当然、時機を逸したデット・ストックにより大量の在庫を抱えている場合は、事業そのものや製品開発戦略の再構築を要する局面に来ていることを意味している。

在庫回転期間短→コスト・リーダーシップ戦略
在庫回転期間長→差別化戦略

【買入債務】

買入債務回転期間を長期化するということは、「仕入代金支払いを待ってもらう」ということである。資金繰り上は好影響を及ぼすが、企業間信用金利が負荷されているため、調達資本としての資本コストが高くなる。資本コストの観点のみで見ると、企業間信用で資本調達するよりも銀行借入した方が正しいということになる。

【銀行借入】

資本コストは極めて低いが取引コストが高く、機動力に乏しい。**急速に売上が拡大しているときなどに、CCCが長く銀行借入に依存していた場合、必要な資本を調達できなくなる（すなわち、資金繰り破たんする）危険がある。**

また、資金需要の種類にかかわらず一企業に対する銀行の融資限度額というものが存在する。長期投資を行うべきタイミングで短期投資のための借入を多額に行っていた場合、長期投資の銀行借入による資本調達が不能となる危険もある。

企業間信用と銀行借入のトレード・オフ

さて、手元のキャッシュを考慮しなければ、企業は売掛金をキャッシュ化しない限り買掛金や販管費を支払うことができない。このため、CCCが存在している場合、何らかの資金調達により買掛金や販管費の支払いを行う必要がある。

所要運転資金の調達は短期的な問題であり、一般にエクイティ・ファイナンスは馴染まないため、銀行借入により賄うことが想定される。もちろん、資本市場へのアクセスが可能な企業は社債やCP（コマーシャルペーパー）の発行も考えられるが、資本市場から常時安定的に資金調達を行うことは困難である。したがって、大部分の企業は銀行からの借入金により賄っている。

売上が同じであっても、CCCが長ければ所要運転資金需要も多額になり、短ければ少額になる。

売上債権と買入債務は企業間信用としての側面がある。企業間信用には当然に目に見えない形で金利が上乗せされていることが想定される。

他方、販売先からの回収サイトを長くすれば、代金回収に金利を上乗せして請求することができる。企業間信用取引の場合、金融取引ではないため利息制限法の適用を受けないことから、取引関係に応じて任意に価格に転嫁する形で設定できる。したがって、企業間信用の供与を受ける側からすれば、いくら乗せられているかはわからない。

経済効果のみを考えた場合、CCCを長期化させ、所要運転資金需要を銀行借入により賄った方が、企業の資本コストの低減につながるとともに、粗利率の向上が期待できる側面がある。ここに、企業間信用と銀行借入のトレード・オフの問題が存在するのである。

銀行借入……資本コストは低いが、取引コストが高い
企業間信用……資本コストは高いが、取引コストが低い

先に述べたように、取引コストとは取引を行うにあたっての手間のことである。仕入先から在庫を仕入れる取引はメールやファックス一つで実現する。仕入れと同時に本来は現金で支払わなければならないが、取引条件に従い買掛金という企業間信用で資本を調達している。

しかし、銀行借入は違う。試算表や資金繰り表を整備し、銀行員と面談して細々とした説明を行う必要がある。そして融資の審査にも相応の時間がかかる。これは仕入先から企業間信用の供与を受ける取引と比べて、非常に取引コストが高い。

もし、急速に売上が拡大している局面であれば、資本コストよりも取引コストを優先しなければ仕入れが追い着かないという事態に陥る。このような場合は、銀行借入よりも企業間信用を優先すべき局面である。しかし、売上が安定的に推移している状況であれば、取引コストが高くてもじっくりと資本調達することが可能である。このような場合は銀行借入を優先すべき局面である。

このように、**自社の製品のライフ・サイクルにより最適な短期投資戦略を形成すべきである。**

【①成長局面⬇売上数量増加】

ＣＣＣ短期化により増加する売上数量に対応する仕入資金は企業間信用で対応

【②成熟局面⬇売上数量横這い】

ＣＣＣ長期化により横バイとなる売上数量からの利益最大化を図る

【③衰退局面⬇売上数量減少】

ＣＣＣ短期化により長期投資の資金調達余力を確保しビジネス・モデルそのものの見直しを行う

第3章

M&A

EXECUTION 1

本章ではM&A業務について解説する。M&Aの経営戦略における位置づけを解説した後、主要なディール・ストラクチャーやプロセス、契約条項の留意点、Valuationなど M&A業務に関わる論点を買い手の立場で述べている。M&Aのみならず戦略的提携を検討するときもやることは同じであり、十分にご参照いただける内容となっている。また、M&Aでなく新規事業投資や出店など自社の中で長期投資を行う際にもその価値算出をすることがある。その際には本章で述べているValuationが参考になるだろう。

将来の事業展開を検討する中で既存の内部資源では不足することがある。そのとき、新たに内部資源を構築する方法と他社の内部資源を自社に取り込む方法がある。すなわち、新規事業創造をすべきか戦略的提携・M&Aにより対応するのかという選択をしなければならないが、その考え方について事業のライフ・サイクルとの関係で解説する。

M&Aのディール・プロセスは売り手の情報を探索するプロセスである。売り手はそもそも自社にとっては外部環境であり、自社との間には情報の非対称性がある。十分なデュー・ディリジェンス（DD）を行い、可能な限り一次情報にアクセスし専門家の分析を経て、それでもわからない問題を契約書で担保するのである。

売り手の情報には法務、財務、ビジネスなど様々なアプローチでアクセスする。ここで多くのアドバイザーが関与することとなり、それらを取り纏めるFAが必要となる。FAはディール・プロセス全般にわたりアドバイスを行うとともに相手方との条件交渉も行う。本章ではこれらのアドバイザーの役割や選定方法についても解説している。

多くの場合、戦略投資家にとってM&Aはシナジーを目的にしている。しかし、シナジーの実現は非常に困難を伴う。M&Aは外部環境の内部化である。そのためにはクロージング後に多くのコストを費やすこととなる。シナジー実現のためにはディス・シナジーが必ず伴うことを念頭に置いて検討しなければならない。

近年M&Aは企業の財務戦略として一般化しており、多くの企業が検討・実行している手法である。ただし、M&Aを行うことそのものが目的化してはならない。あくまで当初の目的に立ち返り、DDを通じて当初の目的が達成できそうになければディールから降りることも選択肢として持っておかなければならない。

01 M&Aの戦略上の位置づけ

外部環境の内部化

戦略投資家にとってのM&Aは、**企業の経営戦略上の要請により実行する具体的な財務戦略の一つ**である。先に述べたように、経営戦略は外部環境の変化を踏まえて内部資源を適応させることで成り立つ。M&Aの相手方は競合他社や仕入先など、本来は外部環境である。したがって、**M&Aにより他社を取り込む行動は外部環境を内部資源に取り込むことを意味している**。

外部環境の内部化は、対象会社に対する自社のコミットの程度により異なる行動として表れる。全社レベルではない特定の共通目的を実現するための手法としては戦略的提携を採る。

戦略的提携には、**出資を伴わない業務提携と出資を伴う資本・業務提携**の

2つの形態がある。一般的には資本・業務提携のほうが共通目的実現のための努力義務が厳しく課せられ、対象業務を他社としてはならないなどの排他的条項を付すことが多い。それに対して、出資を伴わない業務提携の場合、両者ともに撤退が容易な建付けとなっていることから、提携の目的がテスト的な位置づけにあることが多い。

また、M&Aにおいても出資比率に応じて内部化の度合は異なる。51%以上出資するとなれば、実質支配することとなり、連結子会社となる。また、34%以上出資するとなれば、実質支配は不可能であるが、対象会社の株主総会で特別決議を阻止する権利を持つこととなる。

このように、経営戦略上の要請から外部環境を内部化する必要性が生じた場合、**その目的遂行のためにどこまでコミットすべきか**、また、**どこまで株主としての権利を確保すべきなのか**を検討して、戦略的提携もしくはM&Aという手法を選択することとなる（図表39）。

くれぐれも手法そのものが目的化することは避けなければならない。

新規事業創造との違い

現状の内部資源のみでは経営戦略が実行できない局面で、もう一つの選択肢がある。自ら新規事業を創造する方法である。新規事業は内部資源を自らつくっていく行動であり、事業化に相応の時間を要する。

しかし、すでに産業として成熟しているビジネスを自社で新規事業として取り組むことは利口なやり方ではない。成熟している市場では多くの競合他社がしのぎを削っているため、事業化できたとしても価格競争で疲弊することになるからだ。また、事業化できたときにはすでに衰退局面に移っており資本回収が不可能となることもある。

また、成長期にある市場においても、新規事業創造を志向するのは危険である。市場が急速に変化している中で新規事業を育てている時間は少ないからである（図表

図表39　戦略提携・M&Aと内部資源化の度合

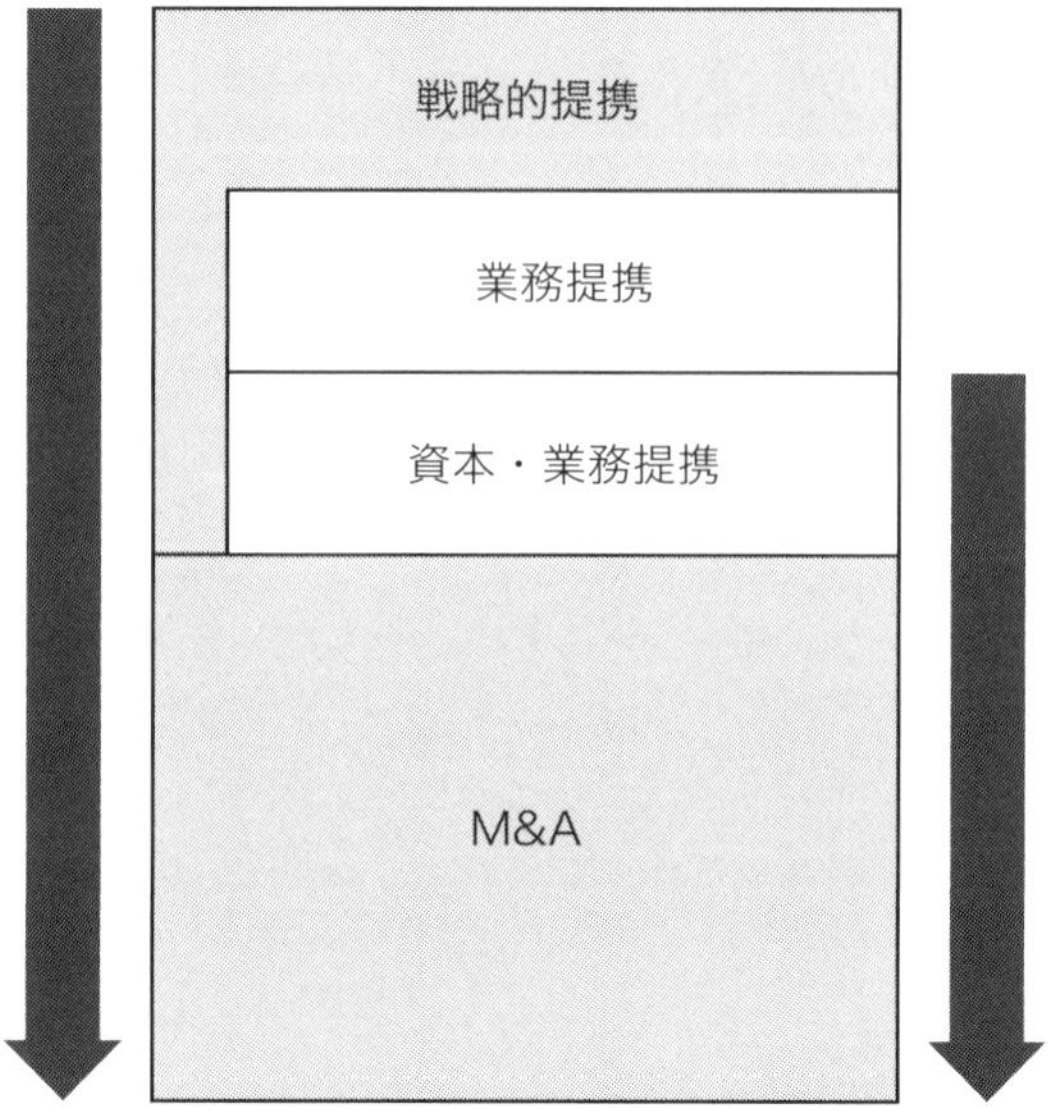

40)。

このように、**新たな内部資源を必要とするときの新規事業創造は、市場そのものが導入期であることが原則**である。

ただし、成長期または成熟期の市場にあっても、ニッチなセグメントを発見し新規事業創造に取り組むのは良い。既存の市場におけるニッチ・セグメントは異なる市場の導入期と位置づけられるからである。自動車や電化製品など、歴史的に日本は欧米の製品を模倣し修正を加えることで新たな市場を創造することを得意としてきた。

内部資源の外部化

他方、事業を売却する側に立った場合は逆のことが言える。これまでは内部資源だった自社の事業を他社に譲渡することとなり、**内部資源を外部化する行動**と言える。

経営戦略の要請で不要となった内部資源を売却するわけ

図表40　製品ライフサイクルにおける新規事業創造と戦略的提携・M&A

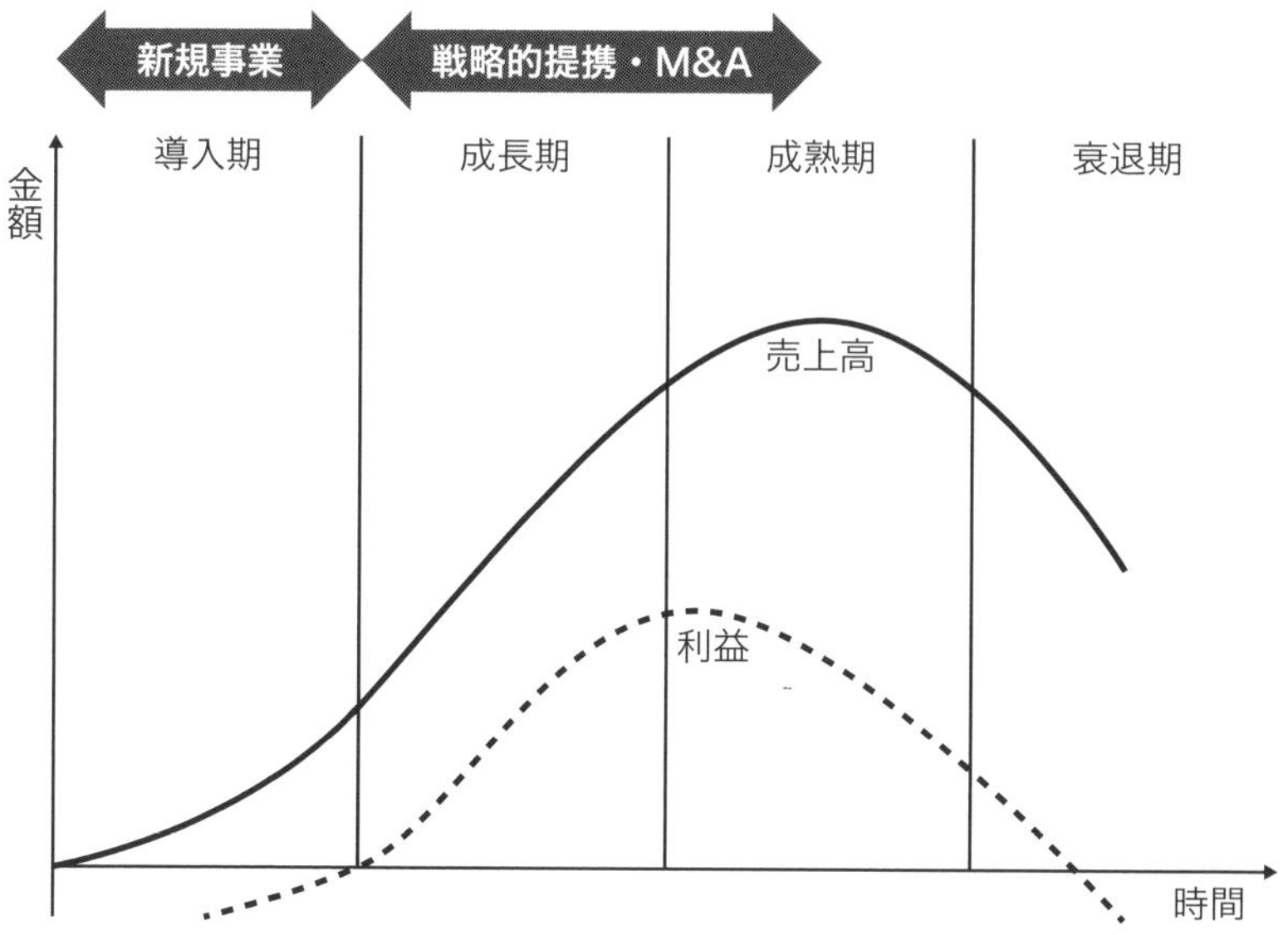

である。自社にとっては不要であっても、それを必要とする他社が現れたときにディールは成立する。

以上のようにM＆Aの目的を外部環境と内部資源の関係の中で論じたが、次項からは具体的なエグゼキューション業務において必要となる論点について買い手の立場で説明する。

02 主要なディール・ストラクチャー

M&Aには、様々なディール・ストラクチャーがある。本書では基本形である**株式譲渡方式**と**事業譲渡方式**について説明する。

株式譲渡方式によるM&A取引

M&Aとは、会社を売り買いすることである。基本形としては、会社を丸ごと売り買いする場合と、一部を売り買いする場合に大別される。丸ごと買う場合は、売り手たる既存株主から株式の譲渡を受ける形で買収を行う。図表41を見ればわかるように、**株式譲渡方式によるM&Aは売り手から買い手に株券が渡る取引**である。このとき、売り手は株主である。したがって、買い手からの株式購入代金は売り手に渡るに留まり対象会社には入らない（上場会社の株式を証券会社を通じて売買する行為も同様である。投資した代金は売り手に渡るのみである)。

　対象会社は株主が誰になろうと、独立した法人格として有効に存続している。**株式譲渡方式では、対象会社の権利や義務は当然に引き継がれる**点に留意が必要である。

　対象会社が保有している資産は現預金や売掛金、不動産や特許などあらゆる権利は当然に存置する。また、義務についても同様である。未払金や借入金などの負債は当然に存置する。これは簿外債務や偶発債務であっても同様である。たとえば、表面化しているか否かは別として、労働者に対する未払い残業代などがあればこれも当然に存置する。したがって、新たな株主たる買い手はそれらの負債をも引き継ぐこととなる。

　対象会社の資産を引き継ぐために何ら手続きをする必要がないという利点がある反面、負債も漏れなくついてくるのである。

図表41　株式譲渡方式によるM＆A

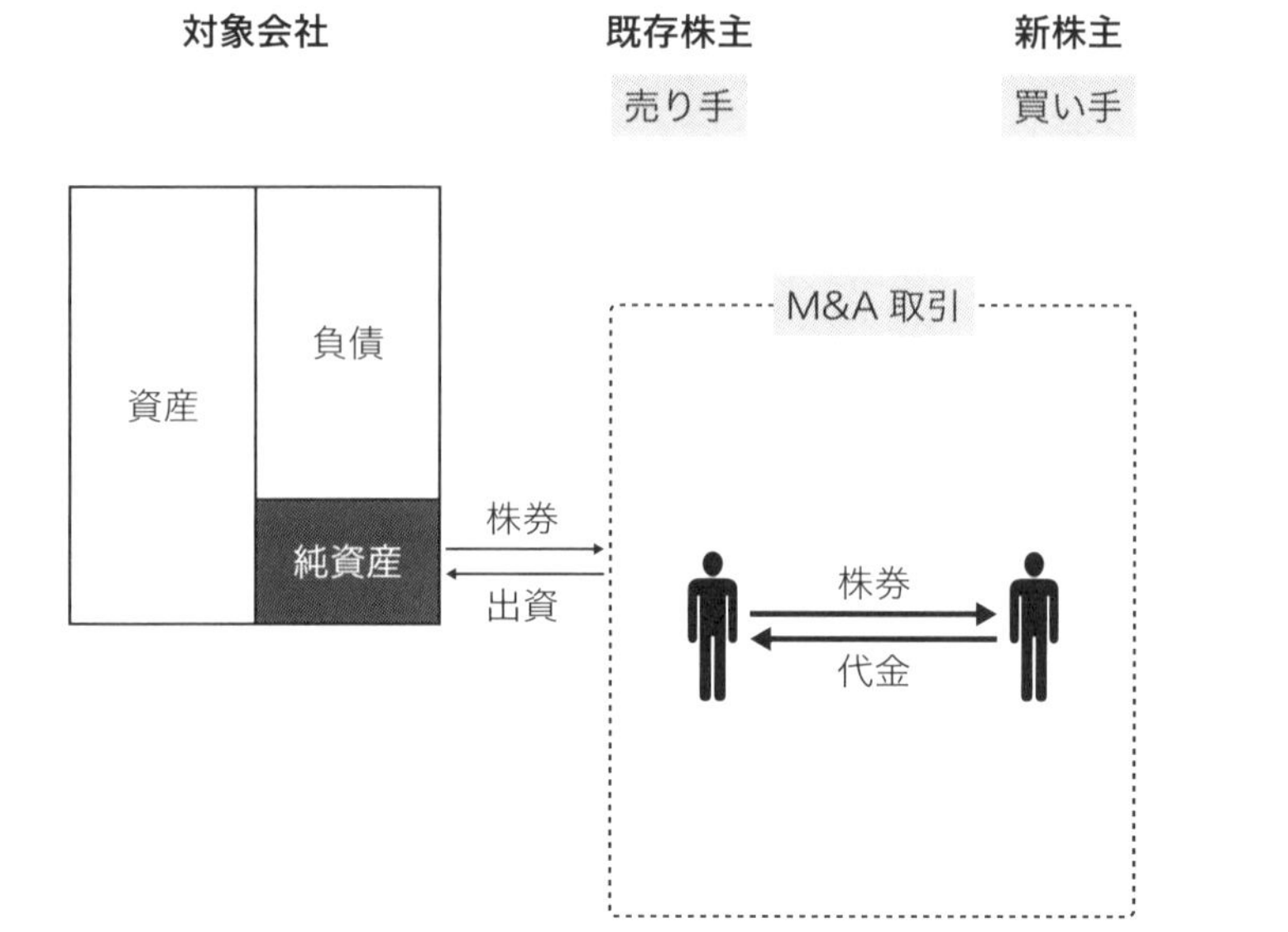

事業譲渡方式によるM&A取引

会社の一部を売り買いする取引が事業譲渡方式によるM&Aである（事業の全部を事業譲渡方式でM&Aすることもある）。

事業譲渡方式によるM&Aは、対象会社の特定の事業のみを買収したい場合や、見えざる負債を継承するリスクを負いたくない場合などに採用することが多い。また、**売り手は対象会社の株主ではなく対象会社である**。

以下は事業の一部譲渡を念頭に置き説明するものである。

対象会社は事業Aと事業Bを営んでいる。そのうちの事業Aを譲渡対象とした場合、対象会社の資産を事業Aに紐づく資産と事業Bに紐づく資産に区分する。さらに、事業Aに紐づく負債と事業Bに紐づく負債に区分する。こうして、対象会社から事業Aに紐づく資産と負債を切り出して譲渡するのが事業譲渡方式である。なお、譲渡代金は事業Aの資産から事業Aの負債を控除した値が支払われることとなる（事業Aの資産額は売り手と買い手が合意した時価で求められる）。

譲渡代金は売主たる対象会社に入ることとなり、既存株主には入らない（図表42）。

しかし、既存株主にとっては事業Aと事業Bを営んでいる対象会社を保有している立場である。事業Aの売却代金が対象会社に入ったとは言え、事業Aの影響力が重大であった場合は既存株主に不利益となるかもしれない。そこで、会社法467条では譲渡対象となる事業が対象会社の総資産の5分の1を超える場合などは既存株主の承認を求めている。

事業譲渡方式ではM&A取引の実行後は買い手である買収会社が営む事業となる。対象会社の事業ではなくなるのだ。したがって、あらゆる取引関係の契約をまき直さなければならない。当然には引き継がれないのである。M&Aは極秘裏に進められるため、M&A取引実行後に継承手続きを行うことが多い。顧客や仕入先、銀行などはもちろんのこと、従業員の就労についても同様である。

このように、**事業譲渡は対象会社が有していた権利義務が当然に引き継がれないことによる手続きの煩雑さがデメリットである**反面、メリットもある。それは、**対象会社が有する簿外負債などの見えざるリスクを遮断することが**

図表42　事業譲渡方式によるM＆A

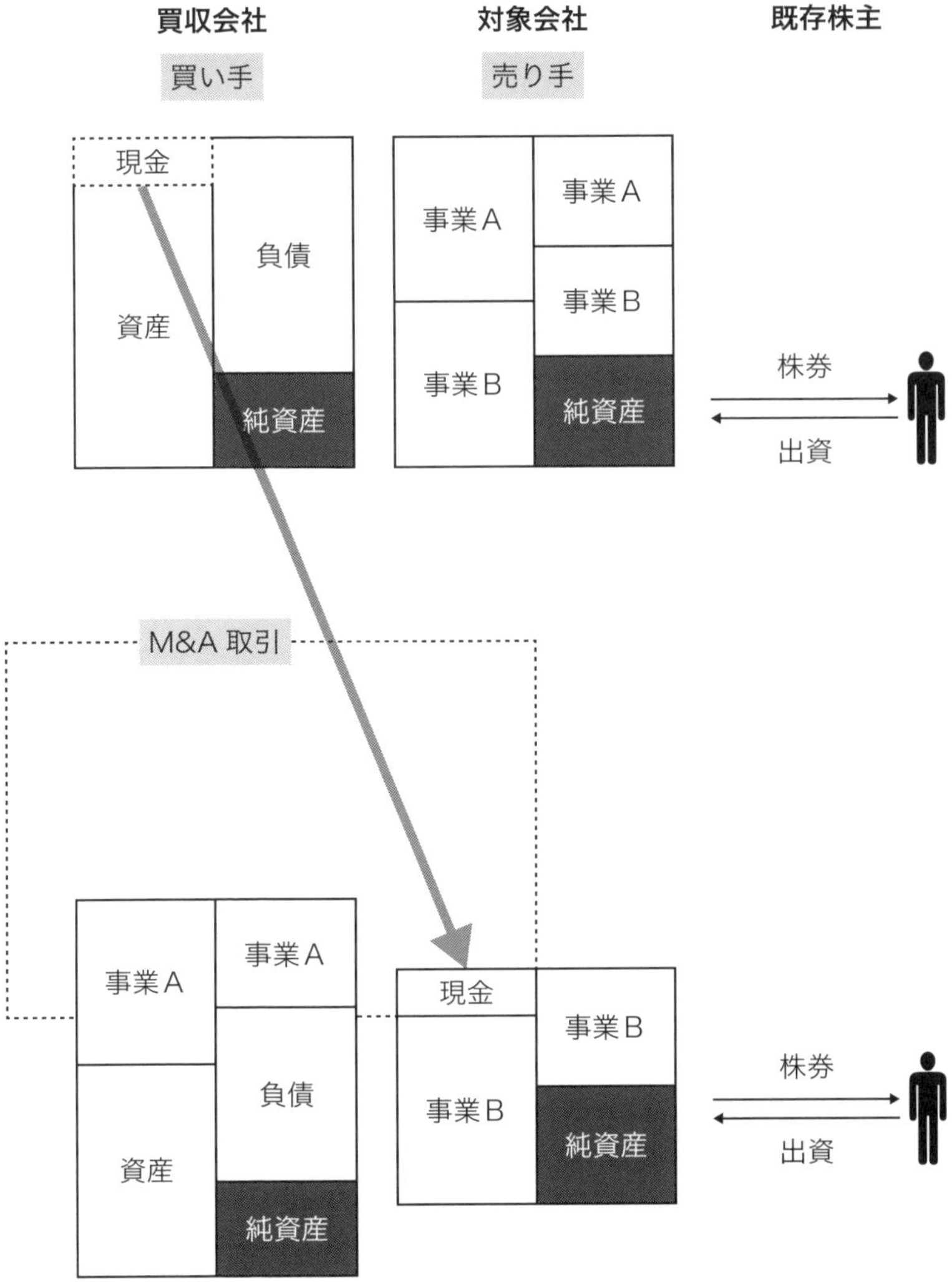

可能な点である。

株式譲渡方式と事業譲渡方式の主要な違いを次に整理したので参照していただきたい（図表43）。

図表43　株式譲渡と事業譲渡の論点比較

<table>
<tr><th></th><th></th><th>株式譲渡</th><th>事業譲渡</th></tr>
<tr><td rowspan="4">売り手</td><td>売却代金</td><td>株主に入る</td><td>会社に入る</td></tr>
<tr><td>手続き</td><td>手続きが容易</td><td>契約のまき直しが必要で煩雑</td></tr>
<tr><td>税金</td><td>譲渡益に所得税が課税される</td><td>譲渡益に法人税が課税される</td></tr>
<tr><td>その他</td><td>基本的にすべての事業を譲り渡す</td><td>切り離したい事業を売却し、継続保有したい事業を残すことが可能</td></tr>
<tr><td rowspan="6">買い手</td><td>手続き</td><td>手続きが容易</td><td>契約のまき直しが必要で煩雑</td></tr>
<tr><td rowspan="2">税金</td><td rowspan="2">投資額に節税効果なし</td><td>営業権は5年で償却でき、投資額に節税効果を得られる</td></tr>
<tr><td>譲渡資産に不動産が含まれる場合には、不動産取得税・登録免許税が必要</td></tr>
<tr><td rowspan="3">その他</td><td></td><td>必要な事業のみを承継</td></tr>
<tr><td>簿外負債・偶発債務も含めて承継</td><td>簿外負債・偶発債務の承継を回避可能</td></tr>
<tr><td></td><td>顧客・従業員の継承漏れが生じるリスク</td></tr>
</table>

03 ディール・プロセスと主要なイベント

ディールプロセスと主要なイベント

一般的なM&Aのディール・プロセスを次に示す。略語の解説とともに各イベントの概要についても解説を加える。買い手側の目線で解説するが、売り手側に立った場合は買い手側の行動を受け入れるイメージとなる(図表44)。

【CA(Confidential Agreement　秘密保持契約)の提出】

⬇NDA(Non-Disclosure Agreement　秘密保持契約)も同義

CAを提示することにより、対象会社の非開示情報の開示を求めることが可能となる。まずは買い手企業として必要な情報を取得し、社内で分析・協議を行う。

図表44　M&Aディール・プロセスと主要なイベント

イベント	買い手企業	FA	法務	財務	ビジネス
案件発掘	●	●			
CA の締結	●	●			
アドバイザーの選定	●				
LOI の提示	●	●	●		
IRL の提示		●	●	●	●
オフサイト DD		●	●	●	●
追加 IRL の提示		●	●	●	●
オンサイト DD		●	●	●	●
インタビュー	●	●	●	●	●
DD レポートの提示		(●)	●	●	(●)
Valuation レポートの提示		(●)		(●)	
タームシートの提示		●	●		
機関決定	●				
基本合意書締結	●	●	●		
契約書締結	●	●	●		
クロージング	●	●			

【アドバイザーの選定】

ラフな分析により案件として進めることを社内で決定したら、必要となるアドバイザーを選定する。

はじめにＦＡを選定し、今後の進め方について十分な議論を行う。まずは対象会社の事業内容を精査して自社とのシナジー創出の可能性を検討する方針となれば、弁護士と会計士は選定せず、ビジネスＤＤを担当するアドバイザーのみを選定することとなる。ＦＡにビジネスＤＤを行う能力があれば、ＦＡにその役割を担わせることになる。

【ＬＯＩ（Letter of Intent　意向表明書）の提出】

対象会社に対してディールを進める意向がある旨書面で提示する。法的拘束力のない書面ではあるが、ディール・ストラクチャーや今後のプロセス、さらには買収後の基本方針などを売り手側に宣言する意味を持つ。ＬＯＩにはＤＤ実施後の修正は前提ながら買収予定価格も記載する。この段階でValuation Reportは出ていないため、極めて簡易に算定して提示することが多いが、可能であれば数字の独り歩きを排除するために、買収予定価格は「今後協議」としておきたい。

また、入札案件でなければこの段階で独占交渉権を付与してもらうよう交渉を行う。

なお、ＬＯＩ提出時点では、法務ＤＤや財務ＤＤを行うアドバイザーも選定しておく必要がある。直ちに各種ＤＤに着手できる体制を整える必要があるほか、ＬＯＩの文面なども弁護士に作成してもらうなど関与してもらう方が望ましいからだ。

【ＩＲＬ（Information Request List）の提示】

各アドバイザーがＤＤ業務に必要となる情報をリストアップし、ＦＡが取りまとめて対象会社側ＦＡに提示する。膨大な情報量となるため、すぐに出揃わないことが多い。ＦＡは都度要求資料の獲得状況をアップデートしながら工程管理をすることとなる。

【オフサイトＤＤ　書面ベースでの精査業務】

売り手側から提供を受けたデータにより各アドバイザーはＤＤ業務に着手する。ＤＤ結果を踏まえてから買収の戦略的意義を見出そうとすることもある。そのような場合はビジネスＤＤのみ先に行い、その結果を踏まえてディールを進めるのであれば法務、財務のＤＤに着手する。法務ＤＤ、財務ＤＤはともに重要なテーマであるが、ネガティブな情報があったとしても買収価格で調整可能である。

しかし、そもそも戦略的意義が見出せるかどうかが出発点である。ＤＤ着手時に買い手としての取締役会などでコンセンサスが取れていない場合は費用効率の観点からビジネスＤＤのみを先行させ、その結果戦略的意義が見出せないのであればディールから降りるという選択肢を採る。

【オンサイトＤＤ　対象会社に訪問し現地での精査業務】

ＩＲＬで要求したデータであっても、持ち出し不可能なものやコピーが不可能なものもある。それらの確認とともに追加的に必要となる情報があればその場で入手する。

通常は、対象会社側の会議室をデータ・ルームとして使用し買い手企業、各アドバイザーが時間帯を決めて訪問する。売り手側はＦＡ及び対象会社の窓口となる社員が応対することとなる。対象会社の従業員にはＭ＆Ａの検討を行っていることを非開示としていることが多い。このような場合、売り手側ＦＡの指示に従い十分な配慮をして行動しなければならない。最低限３日程度の期間を確保することとなる。

【インタビュー（対象会社のマネジメントなどへのインタビュー）】

オンサイトＤＤの日程の中で設定することが多いが、対象会社側のスケジュール次第では別日程を組むこともある。

オフサイトＤＤ及びオンサイトＤＤを踏まえて各アドバイザーからは対象会社に対する質問事項が出る。これらの質問事項をＦＡが取りまとめて適宜メールなどで回答を得ることとなるが、直接ヒアリングした方が早く、また、相手の顔を見ながら確認したいセンシティブな問題もある。それらの質問事項をインタビュー形式で確認することとなる。

【ＤＤレポートの提示　アドバイザーから買い手企業へのＤＤレポート提出】

各アドバイザーからＤＤレポートの提出を受ける。ＤＤレポートを確認してから、追加的な疑問点・要調査事項があれば必要に応じてアドバイザーに対してセカンドＤＤを指示することとなる。

提出を受けたＤＤレポートは各アドバイザー間でも共有させコメントを求める。

法務ＤＤおよび財務ＤＤにおいては、対象会社が現に有するリスクの所在を明らかにすることが主な報告事項となる。他方でビジネスＤＤでは、ビジネス上のリスクのみならず、機会についても分析を行い報告させることが必要となる。

　また、ＤＤレポートの結果を踏まえて、再度対象会社に対してインタビューを行う機会があれば非常に良い。買い手企業としても、各アドバイザーとしても、ＤＤレポートを取りまとめてはじめて発見できる論点もあるからだ。

【Valuation レポートの提示　株価算定報告書】

　各アドバイザーからのＤＤレポートの結果、重大なリスクがあった場合、また魅力的な機会があった場合は、株価算定に影響が出る。このため、Valuationレポートの提示はＤＤレポート提出後となる。

【タームシートの提示】

　タームシート（契約の基本条件）を売り手側に提示する。価格面のみならず、クロージングまでに売り手側に要求する前提条件や表明保証などが含まれる。これらのやりとりはすべてＦＡ同士で行う。

なお、タームシートの作成は弁護士が行うことが多いが、弁護士の助言を受けながらFAが行う場合もある。

【機関決定】

タームシート・レベルで売り手側との交渉が成立したら、買い手側企業としての基本合意書締結に係る機関決定を行う。当然、基本合意書のドラフトも添えて取締役会に諮ることとなる。

【基本合意書締結　M&Aの基本的条件についての合意書】

基本合意書締結を行った段階で基本合意書記載の事項については双方法的拘束力を受けることとなる。

基本合意書は弁護士が作成することとなる。

【契約書締結】

基本合意書に記載された双方の誓約事項等が充足したことを確認し、最終契約書の締結を行う。これによりM&Aが成立することとなる。

契約書は弁護士が作成することとなる。

【クロージング】

譲渡代金のデリバリーや、（事業譲渡の場合は）必要に応じ従業員の退職・就職手続きなどを行う。クロージング日が譲渡実行日となる。

04 主要な契約条項と判断のポイント

契約書の意義

M&Aのディール・プロセスは、**売り手と買い手の間にある情報の非対称性を低減するプロセス**である。買い手は売り手の情報をDDを通じて明らかにしていき問題点を把握する。しかし、売り手が嘘の情報を提示しているかもしれない。また、買い手に必要と思われる情報を善意か悪意（※注11）かは別として、完全に提示しているとは考えにくい。

それらの売り手側の情報提供のスタンスを誓約、表明・保証（※注12）させ、仮に誓約、表明・保証違反があった場合は損害賠償の責を負うという建付けを採る。もちろん、契約書には価格や事務的な取り扱いについての取り決めも織り込まれるが、**最大の意義は情報の非対称性を低減してきた努力を**

（※注11）「悪意」とは「知っていること」を意味している。「善意」とは「知らないこと」を意味している。

（※注12）金融業界では「表明・保証」のことを「レプワラ」と言うことが多い。これは「Representations and Warranties」の略語である。

図表45　M&A契約書の主要な契約条項

条項	備考
株式譲渡	当事者間の合意内容について記載。
株式譲渡日	クロージング予定日を記載。 稀に２段階に分かれることもある。
株式の譲渡	譲渡対象の株数や譲渡の方法について記載。
譲渡の前提条件（表明・補償）	譲渡が成立するための前提条件を記載。 ●開示情報（口頭含む）の正当性・真実性の補償 ●瑕疵担保条項（開示情報以外で売り手のみが知っている情報・債務で損害が発生した場合の補償） ●コンプライアンス関連（これまで法令を順守してきており、今後争いが生じる見込みがないこと。 ●既存株主の取り扱い（少数株主の株式を事前に買い取る等） ●キーパーソン条項（買い手から指名される人員のクロージング日時点での在籍）、etc
表明保証	**【売り手の表明保証】** 権限行使の正当性、必要な手続の履践、契約の有効性、法令抵触事由の不存在、倒産手続等の不存在、反社会的勢力との関係の不存在、計算書類の適正表示、事業遂行上の重要な契約の有効性、知的財産権の権利、従業員との争いの不存在、偶発債務の不存在、開示情報の正当性 **【買い手の表明保証】** 権限行使の正当性、必要な手続の履践、契約の有効性、法令抵触事由の不存在、倒産手続等の不存在、反社会的勢力との関係の不存在
譲渡対価	
譲渡内容の変更・解除	譲渡の前提条件が充足されなかった場合等、変更・解除事由を明記。

担保することにあるのだ。

契約書の限界

契約書において情報ギャップを可能な限り担保し、万一、誓約違反や表明保証違反などの契約違反があった場合は、損害賠償を受ける建付けにしたところで、実際に契約違反があっても損害賠償を支払う能力がない売り手もいる。また、たいていの場合、違反のリスクのある条文については逃げ道を作っておくものである。

たとえば、ドキュメンテーションのやりとりで次のようなケースがある。

(買い手側の要求)
「売り主は対象会社の従業員との間で未払残業代や労務管理上の争いが一切ないことを誓約する」

(売り手側の修正要求)
「売り主の知る限り対象会社の従業員との間で未払残業代や労務管理上の争

いが一切ないことを誓約する」

後にリスクが顕在化した場合でも、「知らなかった」と言い切れば損害賠償の責を負う必要はない。「知らなかった」と言い切れない事象については、売り手としては表明保証条項に入れることを受け入れないだろう。

また、クロスボーダーM&Aでは、情報格差を埋めることがより一層困難となる。我が国との文化的違いも大きい。発展途上国の企業を買収するときなどはそもそも法令順守の精神が希薄であることもあり、契約書で約束した条項を遵守するつもりがない場合すらある。

契約書で情報格差を完全に担保することは不可能なのである。すなわち、**クロージング後の対象会社のビヘイビアも含めた目利き能力がもっとも重要なのである。**

05 アドバイザーの役割

アドバイザーの種類と役割

M&Aを行う際には多くのアドバイザーが関与する。なぜなら、取り扱う商品が「企業」という生き物であり、精査すべき事項が多方面にわたる上に、売り手側・買い手側ともに非常に複雑な感情が交錯するからである。これらを当事者同士で行うことは困難を極める。

そこで専門性や役割に応じてFAのみならず図表46のようなアドバイザーが関与する。

FAの役割

アドバイザーの中でも、ディール・プロセス全般に中心的な役割を果たすのがFAである。

M&A取引の交渉は価格交渉だけではない。契約締結までに必要となるDDの実施（受入）体制の構築、適切なスキームの構築、公認会計士や弁護士が調査する事項の取りまとめや調整など多岐にわたる業務が必要である。また、株式譲渡までに必要となる前提条件の設定、相手方に求める表明保証事項の設定など、定性的にカバーしなければならない事項が数多い。

契約書の作成は弁護士が行うことが多いが、弁護士は「法的に問題がないかどうか」という視座で契約書を作成する。クライアントのリスクを可能な限り排除するよう条文を検討するのが弁護士の役割である。そのため、取引の相手方が到底受け入れられないような文言をあえて

図表46　アドバイザーの役割と業務

アドバイザー	主要な役割 / 主要な業務
弁護士事務所	法務リスクの精査
	法務 DD
会計事務所・監査法人	過年度財務諸表の精査
	財務 DD、（Valuation）
コンサル（FA）	ビジネスリスク及び機会の精査
	ビジネス DD、（Valuation）
FA	案件全般のプロジェクト管理
	（Valuation）

織り込むことがある。FAは、相手方に対して高いハードルとなるような条件を交渉材料として相手方FAと交渉を行い、妥協点を探ることとなる。FAには売り手買い手双方が合意する契約に収斂させる知識と知恵が求められる。

FAはM&Aのディール・プロセスにおいて検討初期の段階からクロージングまで一貫して企業の助言役となるアドバイザーである。**FAに求められる能力は多方面にわたる。**M&A取引に伴うスキーム組成や必要となるDD方針策定、ドキュメンテーションなどの実務的な知見はもちろんのこと、戦略的な意義を見抜ける力、問題点を見抜ける力が必要である。また、交渉経緯を踏まえた取引の相手方の心理を見抜ける力などが求められる。したがって、**FAの選定にあたっては、報酬やトラック・レコード（過去の実績）のみならず、担当者のパーソナリティも含めた総合的な能力を評価する必要がある。**

他方、商慣習としてFAの選定は案件を持ち込んできた業者とすることが多い。不動産取引において物件を持ち込んできた業者を仲介業者にすることと同じ考え方でFAを選定しているからである。企業は生き物であり、M&Aによってその環境が大きく変わる。環境が変わると生き物は成長することもあるし衰退することもある。不動産取引とはまったく異なるのである。

では、どのようにＦＡを選定すれば良いだろうか。すでに取引を行ったことがあり、信頼のおけるＦＡがいれば別だが、Ｍ＆Ａ取引を頻繁に行っている企業を除き通常はいない。

筆者が推奨する選定方法は、**ＦＡとしてのプレゼンテーションを複数の業者に実施させること**である。これは一般的に行われる「相見積」とは異なる。人間はモノではないため、価格と品質を取扱説明書などで確認することはできない。どちらかと言うと、中途採用の面接を行うような感覚である。

プレゼンテーションに当たってはいくつかの論点について述べさせることを要件とすれば、選定方法の効率性・妥当性が担保されるだろう（図表47）。

担当者のパーソナリティについては、プレゼンテーションの際の雰囲気や会話のやりとりなどで判断せざるを得ない。人間のパーソナリティを限られた時間で完全に把握することはできない。しかし、ある程度把握する方法はある。

一般に、人の心理として自分の主張が否定されたときに人柄が露わになる。Ｍ＆Ａのディール・プロセスでは、相手側ＦＡとの交渉過程で激しい利害の衝突が起こる。それらの危機的状況を乗り越えるためのストレス耐性や対応

図表47 FA選定の論点例

論点	狙い
戦略的視座	
取引の意義	戦略的知見の有無を確認するとともに問題点を指摘する能力の確認
取引の問題点	
実務的視座	
取引のスキーム	最適なスキームを構築し弁護士が作成するドキュメンテーションをサポートする能力の確認
交渉方針・プロセス	戦略的視座を踏まえた交渉方針・プロセスを示す能力の確認
M&A 契約に関する法的知識	タームシート、基本合意書、契約書等各種アグリーメントに関する法的知識
担当者の能力	
担当者のトラックレコード	会社の実績ではなく主担当者の実績の確認
価格体系	
フィー・テーブル	顧問料（リテイナーフィー）と成功報酬の確認
誠実性	
利益相反	相手側の FA（いわゆる「両手」）にも就任していないか

能力を確認する必要がある。

具体的には、**プレゼンテーションを聞いた後、企業側からあえて否定的見解を示す**のである。FA候補は様々な主張を一生懸命していたはずである。その主張に対する否定的見解が鋭いほど有効である。自分の主張が否定されたとき、冷静に否定された理由をヒアリングし、即座に論点を再構築することができるか。あるいは、再構築するために必要な情報を洗い出すことができるかを確認するのである。さらに、やり取りが終わった後は互いに握手できるような雰囲気を作れる担当者であれば安心して一任できるだろう（人事部の採用担当者に助言を受けると良いだろう。能力は優れているが人柄を確認するために「圧迫面接」という手法を用いることがある。この手法によく似たイメージである）。

また、しばしば両手で手数料を取ろうとするFAがいる。M&A取引は極めてセンシティブな情報を取り扱うため、売り手と買い手の間には強度の利益相反関係がある。にもかかわらず、**売り手側にも付き、買い手側にも付くことはM&A業界の倫理にも悖《もと》ると言わざるを得ない**。

利益相反問題は、価格交渉のみならず、キーパーソンの確保や主要事業の競業避止問題、さらには従業員の雇用条件や役員の処遇など、例を挙げれば枚挙に暇がない。通常は売り手と買い手のＦＡは自らのクライアントの利益を追求するために丁々発止の激しいやり取りを行うものである。売り手と買い手の当事者同士が交渉業務を行うと言いたいことも言えず、交渉にならないから両者がＦＡという代理人を建てるのである。その代理人が両者を代理するということは、Ｍ＆Ａ交渉プロセスの妥当性にも疑義が残るであろう。

なお、最終的に選定されたＦＡが案件を持ち込んできた業者でなかった場合の取扱いにも触れたい。案件を持ち込んできた業者にとっては、ＦＡに選定されなかったことは大問題である。また、企業側としても今後とも接点は確保しておきたい業者であることもある。その場合、「案件を持ち込んでくれた対価」として、紹介手数料を払ってあげれば良いだろう。ただし、ＦＡに任命しないのに紹介手数料を支払うなどという商慣習はないため、どの程度払えば良いかはわからない。案件を持ち込むために稼働した時間を考慮して決めるなど、何らかのロジックを示せば良いだろう。もちろん、紹介手数料を払わずに済むのであればそれに越したことはないが、その場合は二度とその業者から案件が持ち込まれることはないと考えるべきである。ただし、それでもまったく問題ないケースもある。是々非々で判断すれば良いだろう。

06 デュー・ディリジェンスの留意点

DDの種類とプロセス

先に述べたように、M&Aのディール・プロセスにおいては様々なDDを行う。大きな枠組みとしては**法務DD**、**財務DD**、**ビジネスDD**となるが、対象会社の特性、買収の目的によっては個別に詳細なDDを行う場合がある。たとえば、対象会社の保有する特許や技術力がポイントになるような場合、一般的なビジネスDDでは不十分であろう。別途、**技術DD**や**知財DD**などを行う必要がある。あるいは、対象会社に労働組合があり、労使関係について通常とは異なる配慮が必要な場合は、一般的な法務DDとは別に**労務DD**を行うことも検討すべきであろう。図表48にいくつかの例を示したのでご参照いただきたい。

図表48　DDの種類（例）

法務 DD	対象会社の法務リスクを包括的に精査する。存立の根拠となる証明書やライセンス、主要なステイク・ホルダーとの契約書などから潜在的な法務リスクを確認する。また、顕在化している係争案件についても評価する。
労務 DD	対象会社の従業員との間に惹起する労働問題全般を精査する。サービス残業代の履行請求リスクやセクハラ・パワハラの潜在的リスク、社会保険や年金などの簿外負債の有無などを確認する。
知財 DD	対象会社の保有する知的財産権の価値評価を行う。
財務 DD	対象会社の財務リスクを包括的に精査する。主要な取引条件や企業集団間の内部取引の状況を踏まえ、過年度における正常収益力および実態 BS の算出を行う。
税務 DD	対象会社の税務リスクを精査する。過年度の確定申告、組織再編などの状況を踏まえ、潜在的な税務リスク、偶発的な租税債務の顕在化リスクなどを確認する。
不動産 DD	対象会社が有する不動産を精査する。主に不動産鑑定評価において確認する。
環境 DD	対象会社が有する不動産に付随する土地汚染状況を精査する。
ビジネス DD	対象会社のビジネス上のリスク・機会を精査する。外部環境と内部資源の状況を踏まえ、対象会社の展開する戦略を確認する。また、M&A の目的（シナジー等）に照らした投資の妥当性評価を行う。
技術 DD	対象会社の技術上の論点を精査する。技術面の競合他社比の優位性や模倣困難性などを確認する。
オペレーション DD	対象会社のサプライ・チェーンの効率性や情報システムなどオペレーション上の論点を精査する。

ただし、これらのＤＤをすべて実施する必要性はないし、別の視点でのＤＤが必要なケースもある。ＤＤはルールに基づき行うものではなく、**情報の非対称性を低減するための創意工夫に満ちた自助努力**なのである。本件Ｍ＆Ａにおいて重要度の高い情報を見極めてＤＤのスコープをつくればよいのである。

ＤＤのスコープがつくられたら、各アドバイザーによりＤＤが着手される。ＤＤはＦＡのプロジェクト・マネジメントにより推進される。最初の段階では各アドバイザーが入手したデータに基づき問題点などを取りまとめる（**オフサイトＤＤ**）。

オフサイトＤＤがおおむね出来上がった段階で、各アドバイザーから中間報告を実施させることが望ましい。中間報告を実施することで、買い手及び各アドバイザー間で現時点での発見事項を包括的に共有できるとともに、当初描いたスコープの修正を検討することも可能となる。想定通りに事が運ぶことは稀であり、**ＤＤの効率化を図るためにはこまめな情報共有と軌道修正が必要**なのである。また、必要に応じ追加的なＩＲＬを対象会社に要求するなどして、ＤＤの精度を高めていくこととなる。

次に、現地調査（**オンサイトＤＤ**）を行う。対象会社の会議室などを３日間程度使用し、持ち出し不可能なデータなどを現場で確認する。売り手側のＦＡにオンサイトＤＤのデータ・リストを作成してもらい、コピー可のものはその場でコピーをさせてもらう。データ・ルームにはコピー機を数台用意してもらうとコピーの作業が効率的に進む。

また、オンサイトＤＤはデータの取得のみならず、対象会社のビジネスの現場を確認する機会でもある。多くの場合、会社の売却を検討していることは対象会社の中でもごく一部の人間しか知らないため、大手を振って会社の中を見学することは難しいが、対象会社側の総務部長などがうまく取り繕ってくれる人物であれば、営業所や工場、店舗、研究施設など、可能な限り現地を見学しておきたい。

07 インタビューの進め方

インタビューの対象

ＤＤを進めていく中で主要な問題点を取りまとめた段階で、対象会社の役職員に対する**インタビュー**を行う。インタビューの利点はデータによる情報ではなく、生の声が聞ける点である。インタビュアーの能力が高ければ、より有益な情報を引き出すことが可能である。通常はＦＡが進行役を務め、アドバイザーや買い手企業の担当者が順次質問をするなどして対象会社の情報を得る形となる。

インタビューの対象は、**可能な限り広範囲にわたるよう調整**する。本音のところを知りたいからだ。経営者などはＭ＆Ａの重要性を理解しており、「模範回答」しか出てこない懸念がある。そこで、相手側が許せば各部門長やその補佐役、秘書なども対象とするよう要請したい。当然、風評リスクやインサイダー取引リスクなどに配慮しなければならないため、売り手側としては対象者を限定的な範囲に留めたいはずである。FA同士の調整の中で可能な限り対象者の範囲の拡大を目指すことになる。

インタビューの質問項目

FAによってはインタビュー・シートを用意して、対象者に手交の上、インタビューを進めることがあるが、あまり良い方法とは言えない。質問リストを眺めるとその質問に答えようとするため、回答が型にはまってしまうからである。誰に何をヒアリングするかは手元に持っておき、**座談会のような雰囲気の中でインタビューを行うことで相手側の本音が出てくる**ものである。意外に若い社員や女性社員から有益な情報を得ることがあるため相手側のタイトルにかかわらず丁寧に対応していきたい。また、買い手側の参加者についても工夫が必要である。若い社員に対しては若い社員を充てるなどして、**少しでも本音が出やすいムードを作る必要がある**。

ただし、型にはまった回答が必要な項目もある。対象会社側の表明保証条項としてM&A契約書に織り込むべき項目についてである。

たとえば、特定の外注先との取引を継続することが極めて重要なとき、M&A実行後も当該外注先と取引を継続してもらう必要がある。しかし、当該外注先との取引基本契約書を見れば株主が変わった場合には契約を解除できると記載されている。対象会社の経営者に口頭で「当該外注先との取引は継続される見込みであり、M&A後も取引が継続されるよう努力する」と言ったコメントを取得しておくのである。このコメントを反映させ、対象会社側の表明保証条項に「本件クロージング後も当該外注先との取引関係が継続されること（継続されるよう努力すること）」といった条文を織り込むのである。当然、この種の契約に織り込むべき質問事項は、取締役級など責任あるポジションにいる人へのインタビューで行うこととなる。

08 Valuationの手法

企業価値と株主価値

Valuationとは**株価算定業務**のことである。株価は株主価値（時価総額）を発行済株式数で割った値のことである。

株価＝時価総額÷発行済株式数

ここで、時価総額たる株主価値と企業価値の関係について整理しておきたい。

現在のバランス・シートにおける資産の帳簿価格（簿価）から将来期待されるリターンを考慮した資産の価格を**時価**という。将来リターンが期待される場合は簿価より時価が大きくなり、将来損失が期待される場合は簿価より時価が小さくなる。

資産の時価評価の結果、バランス・シートの貸方が評価される。負債の時価は簿価と一定である。負債を時価評価したところ簿価より大きくなったり、小さくなったりすることは有り得ないからである。その結果、資産の時価評価はすべて純資産に反映され、株主に帰属することになる。ここで、**資産の時価のことを企業価値**と言い、**自己資本の時価のことを株主価値（時価総額）**と言う（図表49）。

Valuationの類型

時価総額を評価する方法にはいくつかの異なる手法があるが、2つに大別できる。

ファンダメンタル分析……企業の本来の実力に依拠
テクニカル分析……企業の株式を売買する参加者の心理に依拠

いずれも重要な考え方ではあるが、**評価対象企業が上場企業なのか、非上場企業なのか、あるいは投資期間の時間軸によってその役割の比重は大きく異なる。**

上場企業株式の市場参加者は様々な意図で対象会社の株式を売買している。一度買った株式を「いつ売るつもりなのか」という時間軸が重要となる。買ってから数秒後に売り抜けることを意図しているのに企業のファンダメンタルをじっくり分析する意味はまったくない。しかし、いったん買った株を長期間保有し続けることを意図しているのであれば、テクニカル分析を行うことに意味はない。

他方、非上場企業の場合、市場が決定する株価が存在しない。したがって、テクニカル分析の役割は極めて限定的なものとなる。

本書の読者は戦略投資家を想定しているので、ファンダメンタル分析を中心に説明する。

ファンダメンタル分析は以下の3つのアプローチで算

図表49　バランス・シートの簿価と時価の関係

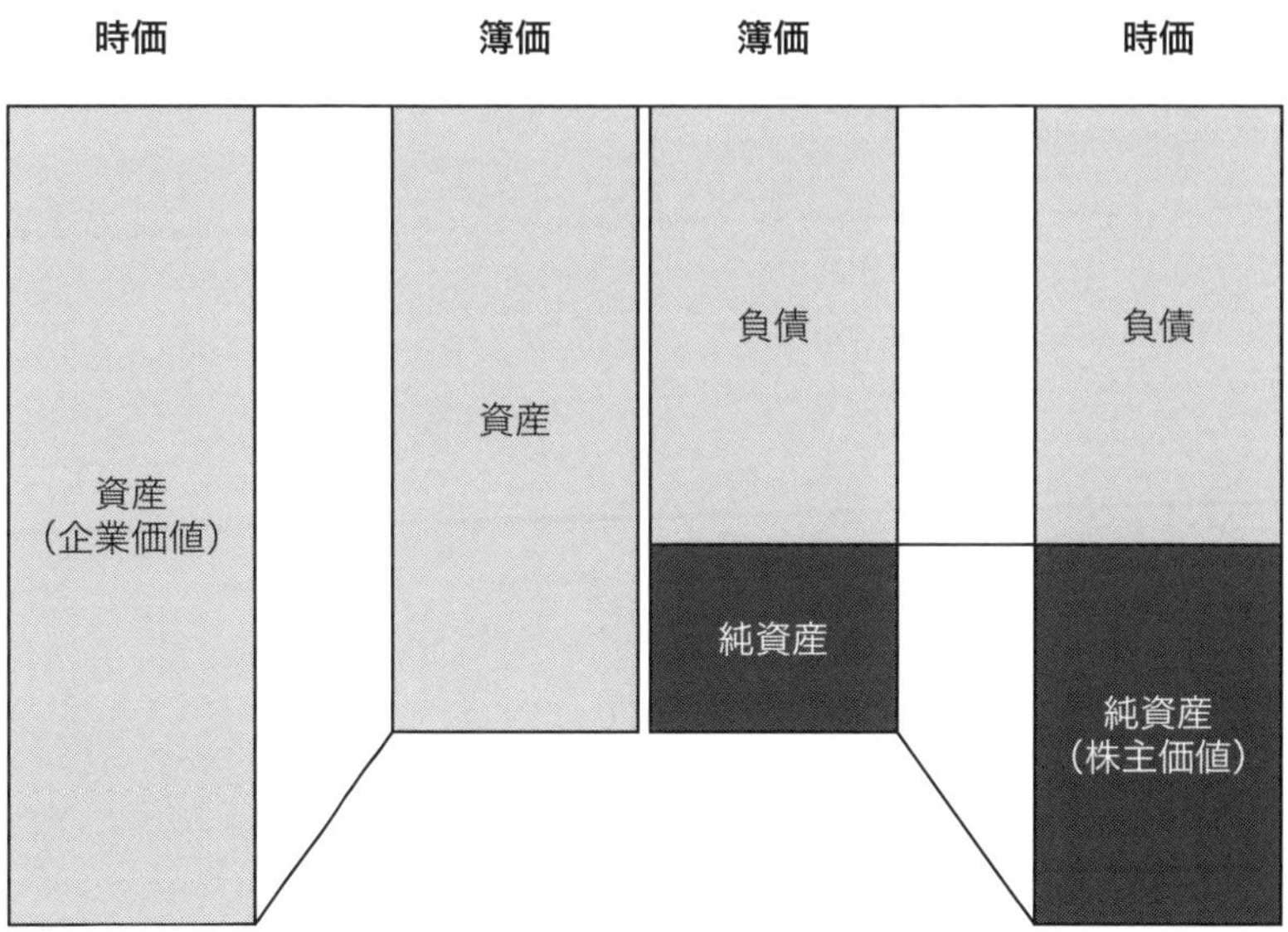

出された株価によりレンジで示すことが一般的である（図表50）。

【①ネット・アセット・アプローチ】

総資産の時価（企業価値）を**処分価格**を中心に時価評価し、その結果として時価純資産を求めるアプローチ。

処分価格とは資産を直ちに現金化した場合の価値のことを言い、多くの場合、簿価よりも下回る結果となる。

時価純資産方式……処分価格ベースの総資産－負債＝時価総額

【②マーケット・アプローチ】

対象会社と類似する上場企業（同じ業種を営む等）が、市場でどのように評価されているかを参照する（ここでテクニカル分析の要素が間接的にではあるが入っている）。

類似会社比准方式……類似上場企業のＰＢＲ、ＰＥＲなどを参照し、対象会社の時価総額を求める

【③インカム・アプローチ】

対象会社の事業計画から将来のキャッシュ・フロー獲得予想を現在の価値に割り引いて企業価値を時価評価する方法。

DCF方式……対象会社の事業計画に示されているフリー・キャッシュ・フロー（FCF）をディスカウントし、総資産の時価（企業価値）を求める。そして、粗っぽく言えば、企業価値から負債を控除した値を時価総額とする方法である（厳密にはバランス・シートを調整する必要があるが後述する）。

また、「**清算価値ベース**」と「**ゴーイング・コンサーン・ベース**」という概念も理解しておく必要がある（図表51）。

清算価値ベースとは、**企業が保有している資産をすべて売却し現金化する概念**である。前記3つのアプローチ

図表50　株価評価のレンジ

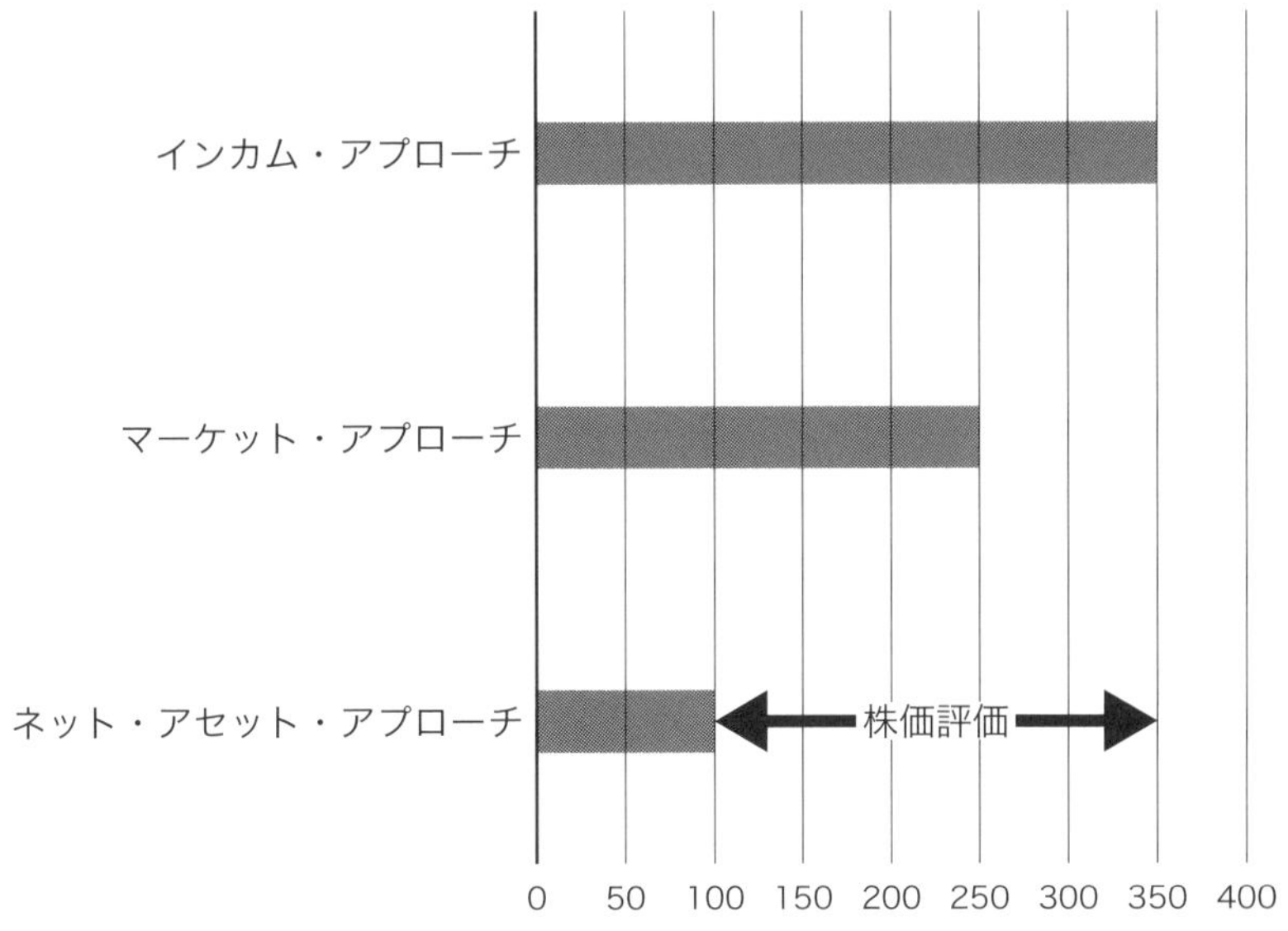

で言えば、ネット・アセット・アプローチにこの考え方が一部入っている。資産を売却する場合、往々にして簿価よりも低い値段で売却することとなる。したがって、企業価値がもっとも低く見積もられる傾向にある。

他方、ゴーイング・コンサーン・ベースとは、**企業が存続する前提で企業価値を評価する概念**である。

たとえば、レンタカー事業を営んでいる会社がある。清算価値ベースの考え方では保有する自動車を中古車市場で売却することとなり、購入価格（簿価）より安く手放さざるを得ない。しかし、引き続き事業を継続する前提であれば、保有する自動車が将来生み出す利益を評価することとなり、高い評価を得ることが可能となる。

M&A取引でのValuationでは、対象会社が存続する前提で評価を行うため、ゴーイング・コンサーン・ベースの考え方で評価を行う。

バリュー・ストラクチャー

Valuationの結果にシナジーやDDの結果を踏まえた増減を加えた価値を示すのが**バリュー・ストラクチャー**である。バリュー・ストラクチャーは大

図表51　Valuationの類型

概念	アプローチ	評価手法
清算価値ベース	ネット・アセット・アプローチ	時価純資産法
ゴーイング・コンサーン・ベース	ネット・アセット・アプローチ	時価純資産法
	マーケット・アプローチ	類似会社批准法
	インカム・アプローチ	DCF 法

きく4つの要素で構成されている（図表52）。

【①スタンドアロン・バリュー】

対象会社単独の株価のこと。通常はネット・アセット・アプローチ、マーケット・アプローチ、インカム・アプローチにより算出された株価のことを言う。

【②シナジー・バリュー】

戦略投資家は多くの場合、本業とのシナジーを狙いにM&Aを行う。このとき、**ポジティブに作用するシナジーとネガティブに作用するディス・シナジー**が見込まれる。シナジーは協業などによる売り上げの拡大効果を見積もることとなる。また、ディス・シナジーはシナジーを創出させるためにかかるコストのことを言う。買収対象先に対するハンズ・オンが必要であるほど、ディス・シナジーは高く見積もられる。なお、シナジーについては別途詳細を説明する。

図表52　バリュー・ストラクチャー

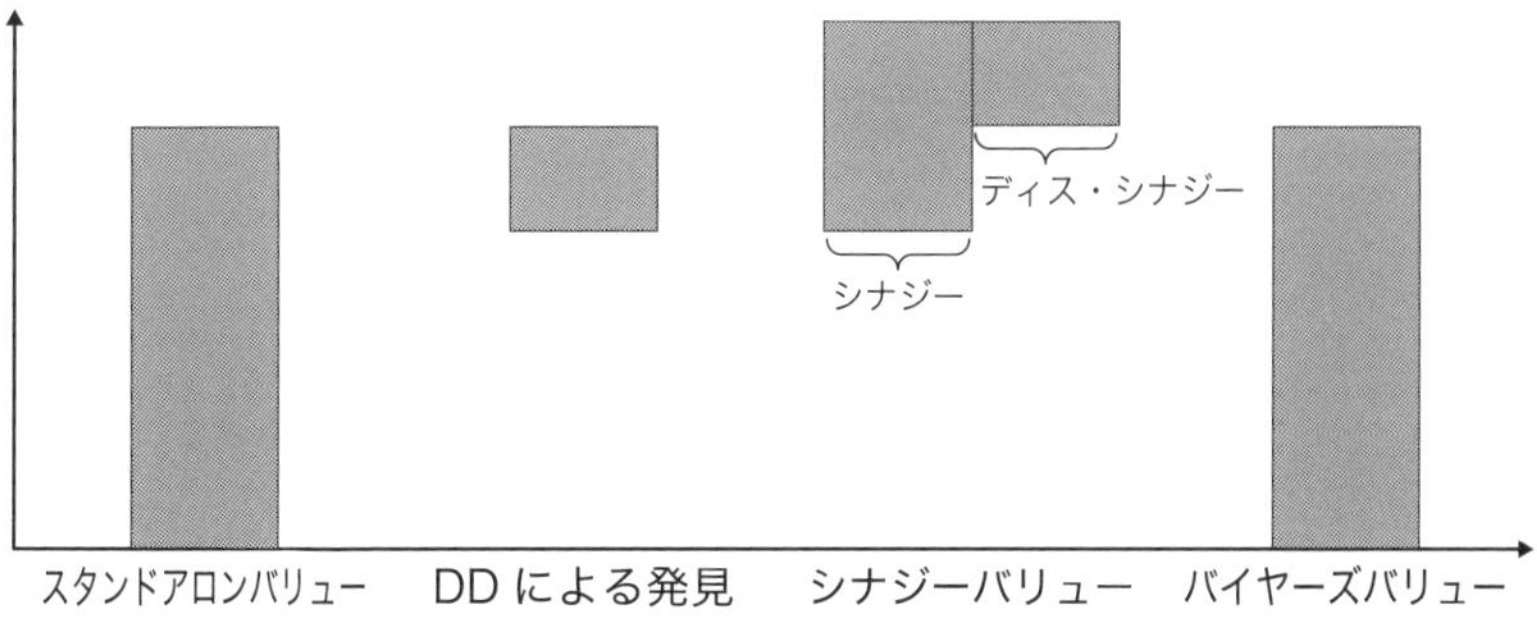

【③DDによる発見】

法務DD、財務DD、ビジネスDDにより様々な指摘がなされるが、その中で、株価形成に重大な影響を及ぼす指摘があった場合は減額要因とする。様々なケースが有り得るが、一部事例を示すのでご参照いただきたい（図表53）。

【④バイヤーズ・バリュー】

以上のバリュー・ストラクチャーにおける構成要素を加減した結果、戦略投資家としてのバイヤーズ・バリューが導かれる。買い手にとってはバイヤーズ・バリューが許容される投資額の最大値ということになる。実際の価格交渉はバイヤーズ・バリューを上限に、可能な限り安く合意できるよう努力することとなる。

ネット・アセット・アプローチ

ネット・アセット・アプローチは**時価純資産法**に代表される。時価純資産法は現存する資産を売却した場合の換金価格を中心に企業価値とする評価手法である。企業の資産は多様であるが、不動産など換金価格が比較的容易に判明する資産については市場実勢価格で評価可能である。不動産鑑定士の評価証明などがあればなお良い。他方で、換金が不可能な資産もある。無形固定資産として計上されている繰延資産などは企業が存続する前提で資産計上されているが、換金不能でありゼロ評価となる。

このように、一つひとつの勘定科目の売却価格を見積り、その総和を企業価値と見做す方法である。数十年前に取得した不動産を保有している場合や、マーケット・バリューのある特許やライセンスを保有している場合など、特殊な場合を除いては簿価より時価の方が低くなる。結果としてもっとも低い時価総額が導出されることになる。

したがって、**時価純資産法で導かれた株価でM&A取引がなされることはほとんどない**（図表54）。

あるとすれば、業績不振で自力再生が不可能な企業な

図表53　DDによる発見（例）

法務DD	従業員に対する未払い残業代（顕在化しているか否かは問わない）
	重要なステイク・ホルダーとの法的争いの懸念
	重要なライセンスの有効性・存続性への懸念
財務DD	退職給付債務等簿外債務の可能性
	不適切会計など実質資産に負の影響を及ぼす勘定処理
	財務管理システム・ワークフローの懸念
ビジネスDD	人件費や物流費などの固定経費の上昇懸念
	重要な取引先との関係悪化への懸念
	競争環境の悪化懸念

どに法的整理とセットでスポンサーが参入するときなどに限られよう。民事再生や会社更生法など、会社が存続する前提で法的に債務カットを行う際には、「極力企業価値を小さく評価することにより債務カットの額を大きくしたい」という動機も働く。そこで時価純資産法が用いられることが多いのである。

少々脱線するが、ここで投資家別の優先、劣後関係に付いて述べておく。図表55を見れば明らかなように、簿価資産よりも時価資産が低くなった場合、資本を提供している株主及び債権者の価値が毀損することになる。毀損する順番は、株主、債権者の順であり、株主及び債権者の間に優先・劣後構造があった場合はそれらの順序に従うこととなる。

優先株主とは、株主ではあるものの議決権のない株主である。議決権がない代わりに普通株主とは異なり優先配当を得られるなど多少の配慮がなされているが、債権者よりも先に毀損する立場である。

図表54　時価純資産法のアプローチ

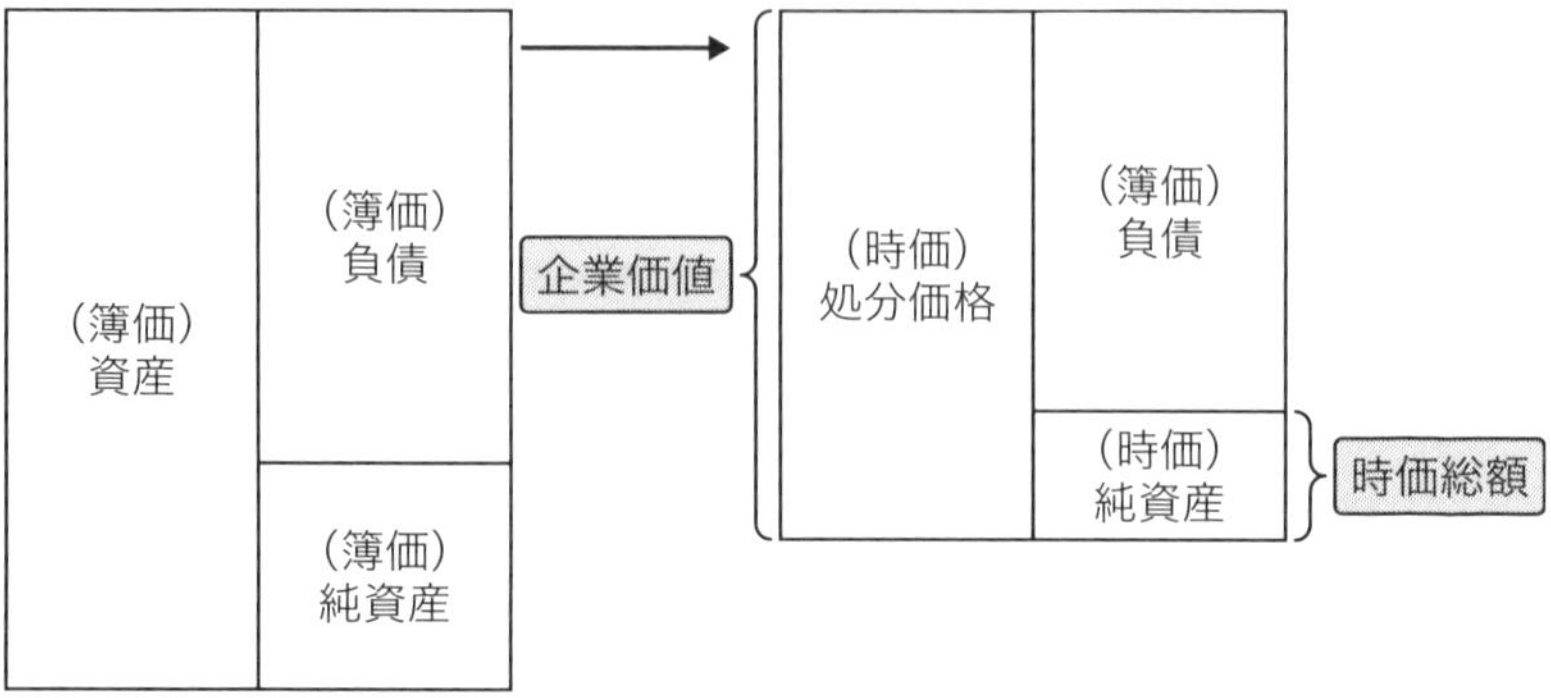

劣後債権者は、通常のローンよりも返済順位の劣るローンを提供する債権者のことである。劣後ローン提供者は一般債権者よりも先に毀損する立場となるが、普通株主と優先株主より後に毀損することとなる。もっとも守られている債権者が国や自治体などの優先債権者である。自己破産や民事再生などの法的整理の場合でもたいていは優先債権者の取り分は確保され、一般債権者への配当は届け出債権に対して数％に留まることも珍しくない。

マーケット・アプローチ

【類似会社の選定】

マーケット・アプローチは**類似会社批准法による株価評価**が代表的である。非上場企業は市場価格が形成されていない。このため、企業特性がよく似た上場企業の市場価格を参照する、というものである。

そこで最初にどのような会社を「類似会社」とするかが問題となる。日本証券取引所ではホームページ上で規模別、業種別のＰＥＲ、ＰＢＲを毎月公表している。業種は次の業種分類でセグメントしている。

図表55　債権者と株主の法的位置づけ

大分類	中分類	備考
債権者	優先債権者	国・自治体、労働者
	一般債権者	銀行・仕入先等
	劣後債権者	劣後ローン提供者
株主	優先株主	優先株出資者
	普通株主	

日本証券取引所では企業の業種を全33業種に分類しており、業種分類4～19までが製造業である（図表56）。

サンプル数が多いほど統計的頑健性は高まるが、業種によってはサンプル数が少ない業種もある。サンプル数が少ない場合は、たまたまテーマ性があるなどの理由で仕手株価している企業が一社でも入っているだけで業種平均の指標が極端に割高となる。何かのきっかけで株価が短期間で急騰することは頻繁にある。もちろん、急騰後は元の鞘に収まることになるわけだが、類似会社の銘柄を個別に精査し、仕手株価している企業はサンプルから除外するなどの調整が必要となる。あくまで戦略投資家は長期保有目的でM＆Aを検討しているからである。

また、業績が極端に不振であり連続赤字を計上しているなどの企業も株価と指標の関係性が説明困難となる場合が多い。**業種分類で同一ではあっても企業の状況によってはサンプルから除外する必要があるのだ。**

また、業種分類から異常値を示しているサンプルを除

図表56　日本証券取引所の業種分類

❶ 水産・農林業	⓬ 鉄鋼	㉓ 空運業
❷ 鉱業	⓭ 非鉄金属	㉔ 倉庫・運輸関連業
❸ 建設業	⓮ 金属製品	㉕ 情報・通信業
❹ 食料品	⓯ 機械	㉖ 卸売業
❺ 繊維製品	⓰ 電気機器	㉗ 小売業
❻ パルプ・紙	⓱ 輸送用機器	㉘ 銀行業
❼ 化学	⓲ 精密機器	㉙ 証券、商品先物取引業
❽ 医薬品	⓳ その他製品	㉚ 保険業
❾ 石油・石炭製品	⓴ 電気・ガス業	㉛ その他金融業
❿ ゴム製品	㉑ 陸運業	㉜ 不動産業
⓫ ガラス・土石製品	㉒ 海運業	㉝ サービス業

出所：http://www.jpx.co.jp/markets/statistics-equities/misc/04.html

外した場合サンプル数そのものが極端に少なくなる場合がある。このような場合、業歴や企業規模が似通っている、株主構成が似通っている、営業している国や地域特性が似通っている、など業種以外で企業特性が類似している企業を抽出してサンプルに加える方法もある。

業種分類以外の企業特性として考えられるものは多岐にわたるが一部事例を挙げて図表57に示す。

以上のように、業種分類から異常値サンプルを除外し、必要に応じて様々な企業特性が似通っている企業を選定して類似会社のサンプルを構築するのである。

【指標の選定と株価算定】

次に、参照する指標を選定する。もっともポピュラーな指標は**PER**、**PBR**である。ただし、対象会社が赤字である場合は利益に対する倍率を示すPERは馴染まない。あるいは対象会社が債務超過である場合は簿価純資産に対する倍率を示すPBRは馴染まない。PERもしくはPBRが馴染まない場合は売上高株価倍率（**PSR**）や粗利益と株価の関係（**PGMR**）、**総資産**、**キャッシュ・フロー**などの指標を選定することで対応すべきであろう。

図表57　類似企業特性の例

業歴	老舗企業などの場合
企業規模	総資産、売上、従業員数など
地域特性	同じ国やエリアで営業しているなど
銀行依存度	銀行借入依存度、銀行からの役員派遣など
役員構成	取引先や親会社など第三者から役員を受け入れている、創業家が代表取締役である、など
主要取引先	主要取引先が同じである、など

株価算定に当たっては、サンプルの指標の平均値を採用するのが一般的である。ただし、平均値はサンプルの実態と比べて過大に出ることが多い。サンプル数が十分に確保できなかった場合などは、平均値とともに中央値もあわせて取るべきだろう（図表58）。

インカム・アプローチ

【事業計画の妥当性】

インカム・アプローチによる株価評価は、対象会社が将来獲得予定の収益に依拠する手法である。代表的な手法として「**ディスカウント・キャッシュ・フロー法**」（**DCF法**）が挙げられる。

DCF法による株価評価を行うには、対象会社の事業計画がなければならない。事業計画はおおよそ5年～7年程度で策定することが多いが、数値計画の前提となるサプライ・チェーン間の取引条件、さらには戦略の方向性が示されていることが望ましい。

事業計画の妥当性を検証する際にいきなり数値計画を眺めることは避けた

図表58　マーケット・アプローチによる株価算定（PERの場合）

対象会社の時価総額＝類似会社の PER× 対象会社の当期利益

対象会社の株価＝対象会社の時価総額 ÷ 対象会社の発行済株式数

い。数値計画から入った場合、縦計と横計が合っているか、過年度実績と比較して違和感がないか、などの表面的な分析に陥りやすい。したがって、対象会社の戦略的方向性と外部環境の動向の適合性をチェックすることから入りたい。このため、**ビジネスDDの結果を踏まえて対象会社の数値計画の評価を行うことが望ましい**。ビジネスDDによる考察結果と対象会社の事業計画を比較した際に大きな違和感があった場合は、事業計画の根拠について対象会社に対してインタビューを行うなどして議論を深め、必要に応じて数値計画を修正する必要がある。

【WACCの算出】

DCF法では事業計画から導かれるFCF予測を現在価値に割引く方法で企業価値を算定する。割引率は対象会社の事業のリスクと資本構成を考慮した**加重平均資本コスト**（**WACC**／Weighted-Average-Cost-Of-Capital）を用いる。

加重平均資本コストは図表59の式によって求められる。

図表59　WACCの計算式

$$WACC = \frac{D}{(D+E)} \times Rd\ (1-t) + \frac{E}{(D+E)} \times Re$$

D：有利子負債額
E：株主資本額
Rd：負債資本コスト
t：実効税率
Re：株主資本コスト

【負債資本コスト】

借入金利や社債クーポンなどが該当する。負債資本コストについてはＰＬにおいて営業外費用として計上されるため、法人税等の算出根拠となる税引前当期利益が減少する。このため、負債資本コストには節税効果がある。仮に、借入金利が２％で実効税率が40％とした場合、負債資本コストは１・２％となる。

【株主資本コスト】

株主が求めるリターンのことを意味する。株主が求めるリターンは配当と株価向上（キャピタル・ゲイン）である。株価向上は株主価値向上を意味しており、株主資本の成長率を株主が求めるリターンとする考え方もある。また、株主が投下資本回収の期待年限から逆算して期待リターンを求める考え方もある。

負債資本コストは金銭消費貸借契約書に銀行が期待するリターンを金利という形で明示されているが、株主資本コストは期待リターンを明示的に示してくれるエビデンスがない。このため株主資本コストの概念は単純ではなく、学会でも様々な議論がなされている。

戦略投資家の財務戦略上の要請は、自社のバランス・シートにおける資本コストを超えたリターンを求めることである。様々な推計モデルがあるが、自社が求めるリターンが対象会社に対する株主資本コストであることを忘れないでいただきたい。

参考までに実務的に多用されているCAPM（Capital Asset Pricing Model／資本資産評価モデル）を次に紹介する。

CAPM

【CAPM】

CAPMは株主資本コストを算出する際にもっとも多用されている推計モデルである。CAPMの考え方は株主が求めるリターンは、

「安全資産の利回りとリスクプレミアムの和である」

というものである。

株主は多くの投資機会を持っているため、最低でも安全資産の利回りよりは高いリターンを求める。これに株式投資固有のリスクプレミアムを加えた値を株主資本コストとしているのである（図表60）。

【リスク・フリー・レート】

一般的には長期国債利回りを用いる。対象会社の事業計画相当期間の国債利回りを用いることでよいが、国債利回りのイールド・カーブがワイドニングしている局面（※注13）では、出口戦略を踏まえて慎重に検討した方が良いであろう。たとえば、事業計画は5年だが、10年間は対象会社の株式を保有しようとしているのであれば、10年国債の利回りを採用すべきとなる。

また、クロスボーダーM&Aでは、対象会社が属する国の国債利回りを採用すべきであろう。

【β（ベータ）】

β値は個別企業の株式市場全体に対する相対的なリスクを表している。対象会社の株価の変化が株式市場全体とまったく同様の動きをする場合はβ値は1となる。株式市場が10％変化すると、対象会社の株価が15％変化するの

図表60　CAPMの計算式

$$Re = Rf + \beta \times (Rm - Rf)$$

Re：株主資本コスト
Rf：リスク・フリー・レート（安全資産の利回り）
β：個別企業のリスクプレミアム
Rm－Rf：株式市場に投資する市場リスクプレミアム

であればβ値は1・5となる。

ただし、非上場企業などの場合は適宜流動性リスクを織り込むなどの手当てが必要である。


【市場リスクプレミアム】

市場全体の期待利回りのことを言う。

ただし、CAPMの考え方は、投資家が多数に分散されたポートフォリオの中の1銘柄として、対象会社株式に投資することを検討していることを前提にしている。このため、戦略投資家によるM&Aや非上場企業に対する投資においては、買い手側が求める期待リターンに届かないことが考えられるため、無検討にCAPMを採用することは避けた方がよい。

ターミナル・バリューの算出

次に**ターミナル・バリュー（継続価値）**を求める（図表61）。
事業計画期間を超えて対象会社の株式を保有し続けることが前提の場合、

（※注13）イールド・カーブとは、国債利回りの長短金利差を示すカーブのことを言う。ワイドニングしている局面では長短金利差が高くなっているため、年限選定の影響が大きくなる。なお、長短金利差が低い局面をスティープニングという。

対象会社が事業計画終了後においても稼ぎ続けるＦＣＦを企業価値に反映させることが一般的である。ただし、ターミナル・バリューは事業が未来永劫続くことを前提とする考え方であり留意が必要である。

たとえば、単一のプロジェクトをＤＣＦ法で求める場合にプロジェクト終了時点の残存価値を求めることで対応する場合がある。この場合は設備投資額から減価償却累計額を減じるなどして会計的手法で残存価値を求めることとなる。

【ＦＣＦｎ】

ターミナル・バリュー算出の根拠となるＦＣＦは事業計画最終年度のＦＣＦを用いる。事業計画終了後のＦＣＦ予測は存在しないため、もっともその時点に近い最終年度のＦＣＦを用いることとなる。

【永久成長率】

事業計画最終年度以降の成長率を想定する。成熟産業などの場合は衰退局面に移っている可能性もあり、マイナス成長とすべきであろう。無検討に永久成長率ゼロとしてターミナル・バリューを求めることは避けたい。

図表61　ターミナル・バリューの計算式

$$TV = \frac{FCF_n}{(WACC - G)}$$

TV：ターミナル・バリュー
FCFn：n 年度目の FCF（事業計画最終年度の FCF）
G：永久成長率

企業価値の算出

WACCを算出したら、いよいよ企業価値の算出プロセスに移る。DCF法で導かれる企業価値は**事業計画で予定されている各年度のFCFの現在価値とターミナル・バリューの総和**である（図表62）。

【企業価値】

企業価値は資産の時価である。DCF法は将来のFCFの現在価値および継続価値の総和である。

【r】

WACCを用いる。企業の加重平均資本コストは資本構成の影響を考慮した投資家の期待リターンと同義である。

図表62　DCF法による企業価値評価

$$PV = \frac{FCF_1}{(1+r)} + \frac{FCF_2}{(1+r)^2} \cdots\cdots + \frac{FCF_n}{(1+r)^n} + TV$$

PV：Present Value（企業価値）
r：WACC

ＮＰＶ法による投資判断

以上により求められた企業価値（ＰＶ）に対して、実際の合意価格を控除した値を**ＮＰＶ（正味現在価値）**という。企業価値より低い価格で買収できれば割安となり、買収の価値があると見做すのである（図表63）。

ただし、ＤＣＦ法で求められた企業価値は資産の時価である。時価総額は企業価値から純有利子負債を控除した値となる。

実際の合意価格とは、純有利子負債を含めた価格であり、売り手に支払われるのは合意価格から純有利子負債を控除した値である。すなわち、合意された時価総額相当が支払われるのである。

図表63　NPV法による投資判断

NPV＝PV－合意価格

NPV が正の場合➡投資可

NPV が負の場合➡投資不可

09 シナジー・バリュー

シナジー・バリュー

戦略投資家によるM&Aは多くの場合、対象会社とのシナジーを想定している。シナジーを検討する際にはポジティブな側面ばかりに注目が集まるが、負の影響をもたらすディス・シナジーが必ず発生することを念頭に置かなければならない。

M&Aにあたっては期待されるシナジーからディス・シナジーを控除したのちに残る**正味シナジー**を新たな付加価値と認識し、正味シナジーを最大化するようシナジー戦略を構築する。クロージング前の段階では主にビジネス・デューディリジェンスに期待される知見であるが、買い手側も主体的な取り組みが必要である。シナジー・バリューを実際に創出する行動はクロージング後に発生するものであり、実施主体は買い手企業にあるからである。

シナジーとディス・シナジー

対象会社と協業することによるシナジーは、売上拡大に寄与するシナジー（**売上シナジー**）とコスト削減に寄与するシナジー（**コストシナジー**）がある。

売上シナジーは不確実性が高い。顧客あってのことであり、1＋1＝3ではなく、1＋1＝1.5になることさえある。とりわけ、建設業などの受注産業ではこの傾向が強い。M＆A実行後もあくまでそれぞれが単独で受注することで、従前どおりの受注量を確保することが可能になるなど、売上シナジーが期待できないビジネスもあるのだ。商取引の慣習やビジネスの特徴を踏まえて売上シナジーの可能性を検討することとなる。

他方、コスト削減に寄与するシナジーは実現可能性が高い。やれば必ずできることが中心だからである。ただし、図表64の例示には記載しなかったが、コスト・シナジーを検討する際に常につきまとう問題がある。人員削減によるコスト・シナジーである。管理部門や拠点を統廃合することで業務の効率化や家賃の削減などが期待できるが、多くの場合、余剰人員が出ることとな

図表64　シナジーの例

●共同販売による売上拡大
●協業によるバリュー・チェーンにおける関与領域拡大
●共同仕入れによるコスト削減
●拠点の統廃合によるコスト削減
●取引銀行再編による金利削減
●管理部門などのプラットフォーム共通化によるコスト削減
●物流のプラットフォーム共通化によるコスト削減

る。ところが、M&A契約の諸条件の中で雇用維持条項が入っていることが多く、余剰人員を抱え続けなければならないこととなる。雇用は維持するものの仕事を取り上げた状態では従業員の士気にかかわることとなり、モチベーションの低下やロイヤリティの低下など潜在的な労務リスクを抱えることとなる。あらかじめ明確なアサイメントを提示し、人員配置も含めたコスト・シナジーを検討したいところである。

図表65はディス・シナジーの例である。**ディス・シナジーは確実に発生する**。先に述べた売上シナジーやコスト・シナジーを創出するためには、両社で様々な情報を精査し、施策を実行するための交渉、会議体の運営などを行うことになる。また、M&Aに伴うシナジー戦略の実行部隊はエース人材である。本来業務に従事していれば、確実に企業価値向上に貢献することが可能であるが、その機会を逸することになる。

また、社員の中にはM&Aを快く思わない者もいる。企業風土の違いや処遇の違いがあった場合は水面下で転職活動をしている可能性がある。転職できる人は去り、転職できない人材ばかりが残るようなことになっては最悪の結果である。

また、顧客の中にも同様のことがあり得る。人材や顧客を引き続き惹きつ

図表65　ディス・シナジーの例

●エース人材の機会損失
●ハンズ・オンが必要な際のマネジメントコスト増加
●システム統合などに伴う追加的なコスト
●人材や顧客の流出
●顧客重複によるカニバリゼーション
●シナジー創出のための会議体運営コスト
●（必要に応じ）セカンドDDコスト

けるためには、事前に十分な制度設計やＩＲ、社内メッセージの検討を行う必要がある。人事考課や賃金体系などはもちろん、出張旅費の清算方法や社宅補助の額など、経営者にとっては取るに足らないと思われるようなことも含めて配慮することが、ディス・シナジーの最小化につながるのである。

シナジー・バリューの定量化

シナジーとディス・シナジーを検討したら定量化を試みる。定量化モデルはValuationで実施しているＤＣＦ法を用いれば、スタンドアロン・バリューとの整合性がとれる。ＤＣＦ法によるシナジー・バリューの定量化は、次の考え方に依拠している。

シナジー・バリュー＝正味シナジー（※）の現在価値

（※）正味シナジー＝シナジー－ディス・シナジー

ただし、正味シナジーの割引率はＤＣＦ法で使用したＷＡＣＣをベースに慎重に行う必要がある。

シナジー・バリューは、対象会社と自社の協働により創出される新たな試みであるため、スタンドアロン・バリューとは独立して定量化を行う。割引率にはシナジー実現に関する不確実性の度合を反映し、妥当性のあるロジックを構築しなければならない。仮にシナジー創出のための努力の多くが自社側にあるのであれば不確実性は低くなる。逆に、多くの部分を対象会社に依存するようなシナジーであれば、不確実性の度合は高くなる。また、売上シナジー実現のための不確実性は高いが、コストシナジー実現の不確実性は低い。

このように、シナジー・バリューの要因や依存する主体などの視点で不確実性の度合を検討し、割引率を設定する方法が考えられる。

第4章

デットーR

EXECUTION 2

本章では銀行との関係構築を念頭に置いたデットＩＲ業務を解説する。銀行行動の特徴を述べたうえで、具体的な手法としてシンジケート・ローンやデット・リストラクチャリングを採り上げる。また、コベナンツへの抵触や不適切会計をしていた場合の対応のほか、経営改善計画書の策定方法についても述べる。

銀行行動の特徴としてリレーションシップ・バンキングとメインバンク・システムが挙げられる。銀行はメインバンクを中心に企業との長期的な関係構築を志向する。長期的な関係は取引を通じた信頼関係によって構築されるものである。他方、銀行は預金者のカネを運用する立場である。預金者が安全安心を絶対的条件にしている以上、銀行は高い不確実性に果敢にチャレンジすることができないのである。必然的に企業経営とは異なる思考で事業を見ており、両者の間には大きなコミュニケーション・ギャップがあり、時として関係にヒビが入ることがある。

デットＩＲは銀行の思考を十分に考慮したうえで自社の情報を開示し理解を求める活動である。銀行と関係構築を行うには非常に労力がかかるが、その対価は計り知れないほど大きいのである。

また、銀行には企業を育成するという責務がある。このため返済能力が認められない企業に融資してはならないし、企業の経営状況をみて適宜アドバイスしなければならないという建前がある。ところが、現実的には企業経営に銀行がアドバイスすることは難しく、多くの場合企業が自らを見つめ直し戦略の適切性をモニタリングしていく必要がある。デットＩＲは銀行に対して自社の情報を提供するとともに、自社を見つめ直す機会としても機能するのである。

また、不適切会計やコベナンツへの抵触が発生した場合、企業は対応方法に悩むことになる。そのようなときは正常収益力に基づく実態バランスを算出するなど、まずは自社で実態を把握することが問題解決の近道となる。

ファイナンス業務が担うデットＩＲは単にカネを引っ張ることのみを目的としていない。あくまで財務戦略と一体となって実施するのである。

01 投資家としての銀行

銀行の貸出モチベーション

デットＩＲ業務は、企業の負債サイドに資金供給を行う投資家へのＩＲ業務である。本書ではデットＩＲ業務の主たる対象を銀行とする。

借り手と貸し手の間には「情報の非対称性」が存在する。我が国においては、借り手と貸し手の長期的な関係（リレーションシップ・バンキング）により、主要な貸し手（メインバンク）が借り手の情報を主体的に把握する機能を担っている。これを「**メインバンクの情報生産機能**」と言う。準主力銀行以下の銀行は貸出審査に当たってメインバンクに情報生産機能がある前提で、その支援姿勢を重要視してきた。この傾向は将来においても変わることはないだろう。

しかしながら、銀行員が主体的に情報生産機能を発揮できるかどうかはわからない。企業にとって銀行は外部環境であり、その行動をコントロールすることはできない。デットＩＲは企業自ら貸し手が望む情報を提供し、借り手と貸し手の情報格差を低減する活動である。

図表66は貸し手の情報把握度と貸出に対するモチベーションをイメージしたものである。銀行は支援を継続するために業績不振企業に対しては徹底的な情報開示を求める。得られた情報が不十分であれば、支援を継続するモチベーションが下がる。

他方、業績堅調企業については情報把握の濃淡にかかわらず、貸出に対する強いモチベーションを持つ。

デットＩＲの意義

このような貸出モチベーションを採る銀行に対して、デットＩＲはどのような意義があるのであろうか。

図表66　貸し手の情報把握度と貸出モチベーション

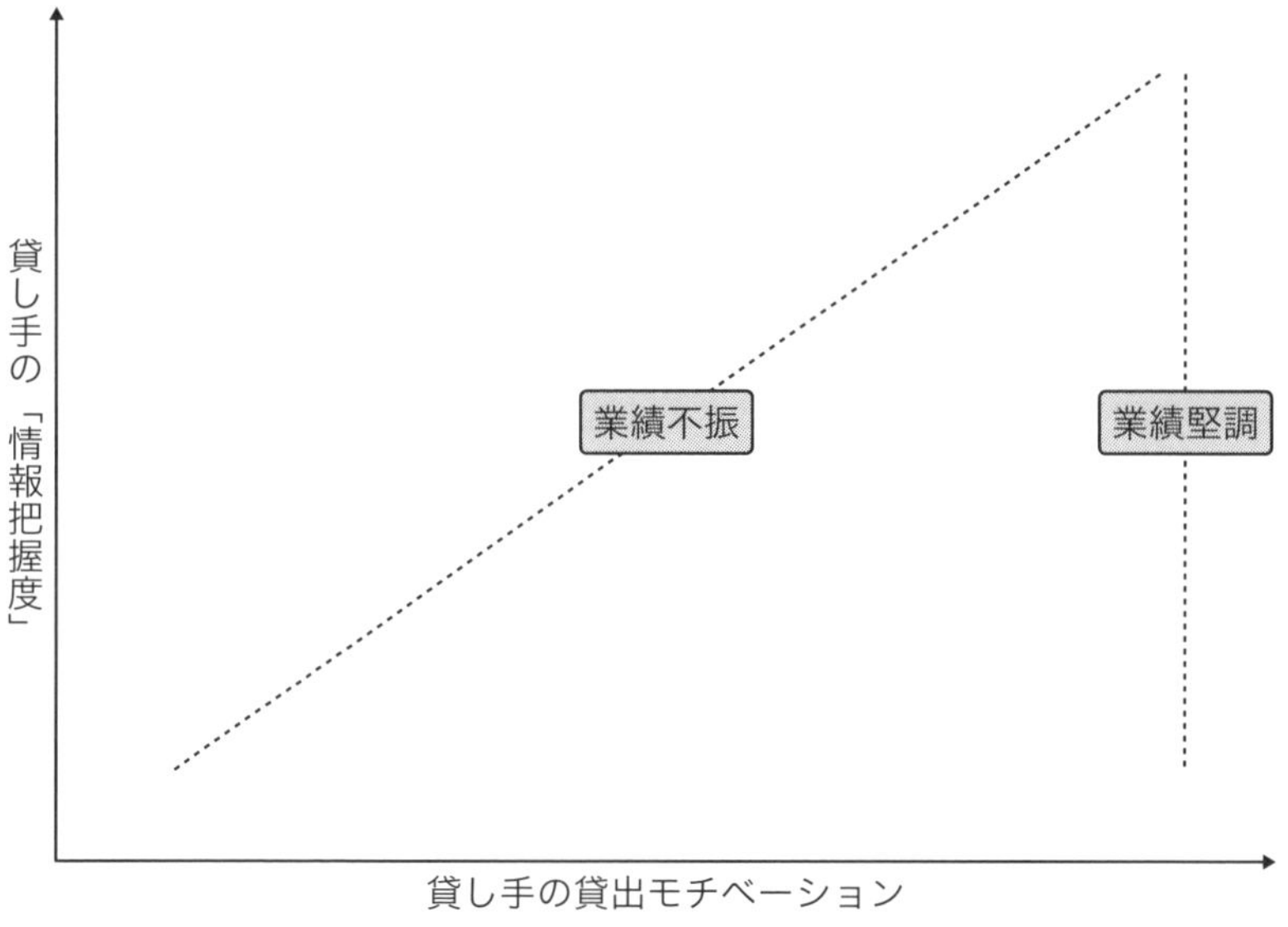

まず、業績堅調企業における意義を述べる。言うまでもなく、業績の良し悪しの判断基準となる決算は過去のことである。返済するのは将来のことであるにもかかわらず、過去の決算が優れていれば、情報把握が不十分でも銀行は貸出を行う。

このとき、企業側が「**いかなる財務戦略に基づいて投資を行うか**」という問題を検討せずに借り入れた場合、過剰債務が生まれる危険性がある。とりわけ、銀行借入で調達した資金を高いリターンが期待できる事業への投資に使用した場合に過剰債務は生まれる危険が高い。業績堅調時は「ハイリスク＝ハイリターンの原則」を借り手も貸し手も軽視する傾向があるからだ。高いリスクが顕在化したとき、投資した資産は毀損し、負債のみが存置されることとなる。この結果、企業のバランス・シートが過剰債務状態となる。

一方、**業績不振企業にとってのデットIRは非常に差し迫った問題**である。融資残高を維持してもらうよう日々交渉しているわけであるが、対処療法的に要求に応じるだけでは不十分である。業績不振企業であれば、まず「**経営改善計画書**」を策定しなければならない。「経営改善計画書」に記載すべき事項はある程度のフォーマットがあるものの、肝心の中身については答えがない。やはり、経営戦略に基づく財務戦略、さらにはそれを実現するための資金調達としてのリ・ファイナンスやリ・スケジュールであることを説明する必要がある。

02 自己査定と信用格付

リレーションシップ・バンキング

我が国の銀行と企業の関係は、依然として「**リレーションシップ・バンキング**」の考え方が根強く残っている。この考え方は、「借り手も貸し手も短期的には非合理的な行動をとっていたとしても、長期的には双方にとって合理的な行動につながる」というものである。たとえば、業績堅調なときに、必要以上のカネを借りてあげる、必要性が曖昧だけどデリバティブ取引に付き合ってあげる、などの行動である。そうしていれば、「自社が苦境に立たされたとき、メインバンクだけは支援してくれるであろう」という期待からそのような非合理的な行動をとる。

銀行側も同様である。短期的な関係ではなく長期的な関係に基づき取引を実行していくという考え方であり、融資の審査に当たっては、毎回「本件の取組意義」と言うような論点を列挙し、短期的な営業目的ではないという建付けが必須となる。したがって、利用する企業側としては、銀行に対する情報開示を極力こまめに行い、かつ開示可能な範囲で実態を伝える努力を日頃から行っていく必要がある。

銀行は預金者のお金を運用しているという性質上、「**ノーリスク・ローリターン**」の原則で融資を行っている。現実的にはノーリスクの投資案件などは世の中に存在しないのだが、預金者のお金をリスクに晒すわけには行かないので、少なくとも融資実行時点では「ノーリスクである」と判断できる材料を求めている。これは、建前上であっても必要な材料となる。

銀行借入の資本コストは破格に低い。「ノーリスクである」前提での建前が成り立っていることにより、企業の信用力に応じた金利設定となっていない側面もある。すなわち、銀行側にとっては、その多くが融資先の信用力に照らすと本来得るべき金利を得られていない状況にあり、企業側にとっては実力対比有利な条件で調達ができているケースが多いということである。したがって、銀行が「ノーリスクである」と判断できる材料を積極的に提供するメリットは大きい。

取引実績と銀行の業態

多くの企業はリレーションシップ・バンキングの概念を感覚的に理解しており、常日頃の取引関係に相応の配慮をしている。特に業績堅調時などは銀行からの「お願い」が非常に多くなる。この「お願い」に対して多くの企業が応えている。

- 資金需要がないが借入をしてあげる
- 振込指定を一時的に指定替えしてあげる
- 不要だけど系列シンクタンクの会員になってあげる
- 実需はないがデリバティブ取引をしてあげる
- 従業員の給料振込口座を指定してあげる
- 全国の拠点の地方税一括納付を導入してあげる

など、例を挙げれば枚挙に暇がない。企業としてはこれらの「お願い」を聞いてあげることにより、将来業績不振で資金繰りが詰まったときでも手を差し伸べてくれることを期待している。

いかなる商売でも持ちつ持たれつの関係で成り立つことは当然のことである。ただ、銀行の場合、貸出金の回収に懸念のある先には永年の取引歴があるからといっても常に貸出ができるわけではない。赤字が常態化するなどの状況になれば、いかに過去の取引実績があっても追加融資は困難となる。そうなる前に**自社の経営を見直し、取引銀行と共有する機会を持つことが重要**である。そのちょうど良い機会がデットＩＲなのである。

ところで、一口に「銀行」と言っても、メガバンクと地銀では企業に対するスタンスが大きく異なる。本書では預金取扱金融機関を総称して銀行と呼んでいる。したがって、メガバンク、地銀、信金、信組など幅広い業態に及んでいる。

筆者は以前ある地銀の審査担当常務と会談した際に「地域からカネを集めて地域へ貸出して、結果として不良債権になっても本望だ」との言葉を耳にしたことがある。大手行に比して圧倒的に貸出と預金のバランスが預金超過となっていることも背景にあるだろう。しかし、自行の存立意義は地域の中で間接金融の役割を果たすことであり、地方で集めたカネを東京の企業に融資したり、ましてや、外国の企業に融資したりすることは本来の意義から外れた行為なのであろう。現実的には地域に限定して活動していたのでは運用難となるので、地銀とは言え東京や大阪の大企業に積極的に融資せざるを得ない環境にはある。したがって、たとえ東京の企業であっても地元出身の経営者が経営している会社であれば、地銀の東京支店は極めて前向きかつ親身になって関係構築をしてくれる。地元出身の人間が東京で頑張っているのだから地元のカネを使って支援することに意義があるからである。通常の企業に対するよりも「地元」というキーワードがあれば、相当バイアスのかかった行動をとるのが地域金融機関の特徴と言える。

自己査定と信用格付

銀行から借入を行うに際し、第一に影響を及ぼす要因は各銀行が独自に行っている信用格付である。これは社債における発行体格付と似通った概念であり、社債のように格付機関が設定する格付けを「**外部格付**」、銀行が独自に設定する信用格付けを「**内部格付**」と言っている。

銀行はこの内部格付けにより融資先の企業の評価を行い、その融資ごとの保全状況や企業の経営者の能力、他行のスタンスなどといった、定性的な要因を加味して債務者区分を判定している。この作業を「**自己査定**」と言い、自己査定に基づき当局の検査を受検するため、銀行の融資スタンスにもっとも影響を及ぼすのである。

自己査定では様々な指標について査定していくこととなるが、中でも代表的な指標である**債務償還年数**について紹介しておく。債務償還年数は過剰債務の判定に用いられる指標であり、以下の算出式で求められる。

債務償還年数＝有利子負債総額／償却前当期利益

通常は債務償還年数が10年以内であれば銀行の自己査定において正常先として認定される（ホテル・旅館業のように装置産業の場合は20年以内まで認められることもある）。

したがって、償却前当期利益の10倍程度までがおおよその借入限度額と考えて差し支えない。なお、自己査定は企業の決算期末ベースで評価を行うため、期中の季節要因で一時的に債務償還年数が10年超となることがあっても特段問題視されることはない。

図表67は、債務者区分判定の例である。自己査定による債務者区分判定の

<table>
<tr><th>BS の状況</th><th>親会社他の支援状況</th><th>金融機関の支援状況</th></tr>
<tr><td>実質資産超過</td><td>—</td><td>—</td></tr>
<tr><td>実質債務超過が短期間に解消可能または実質剰余金がマイナス</td><td rowspan="2">親会社または代表者等が抜本的支援対策を講じている</td><td rowspan="2">相応の支援姿勢がある</td></tr>
<tr><td>実質債務超過が基準計画期間内に解消可能</td></tr>
<tr><td>大幅な実質債務超過の状態で改善の目処が立ち難い</td><td rowspan="2">親会社または代表者等が抜本的な支援体制を講じていない、または支援を期待できない</td><td>追加的資金支援が期待できず、元本回収専念姿勢にある</td></tr>
<tr><td>大幅な実質債務超過の状態に相当期間陥っており、改善の目処が立たない</td><td>すでに法的な措置も含め、元本回収に当たっての対策が打たれている</td></tr>
<tr><td>—</td><td>—</td><td>—</td></tr>
</table>

図表67　債務者区分判定の例

債務者区分	事業継続可能性	期間損益の状況
正常先	懸念なし	継続して黒字かつキャッシュフロープラス
要注意先	当面懸念がないであろうと客観的に想定される先	黒字または当面赤字でもキャッシュフロープラス
要注意先２		当面赤字かつキャッシュフローマイナス
破綻懸念先	早期に事業の継続性が絶たれるであろうと客観的に想定される先	本業収益が赤字推移、好転の見通しが小さい
実質破綻先	BS の傷みが大きく、フローも改善可能性が見込めないことから、事業の継続性が絶望的となっている先	本業収支が赤字推移、好転の見通しが立たない
破綻先	法的破綻が生じ、事業の継続が絶たれた先	—

プロセスは各行独自のルールを採用することとなっているが、概ね金融検査マニュアルに基づき策定されている。本章では、金融検査マニュアルの詳細を述べないが、企業側にとっても、「相手を知る」意味で、金融検査マニュアルを概観しておくことは有用であろう。

債務者区分と債権分類

他方、いかに信用力が乏しい企業であっても、担保などを取得している場合は銀行にとって貸出債権の回収懸念は限定的になる。また、担保と言っても、預金担保であれば100%担保相当額は回収可能であるが、不動産担保などはその時々の対象物件の時価評価によって回収可能額は変化する。このように、貸出債権の保全状況を評価したうえで債権を回収可能性に応じて分類する。これが「**債権分類**」という考え方である（図表68）。

以上の債権分類と債務者区分の関係を示したのが、図表69のマトリクスである。

図表68　債務者区分と債権分類

非分類	回収の危険性または価値の毀損の危険性について問題のない債権
II分類	債権確保上の諸条件が十分に充たされないため、あるいは信用状疑義が存するなどの理由により、その回収について通常の度合いを超える危険を含むと認められる債権
III分類	最終の回収または価値について重大な懸念が存し、したがって損失の可能性が高いが、その損失額について合理的な推計が困難な債権
IV分類	回収不可能または無価値と判定される債権

【正常な運転資金】

正常な営業を行っていくうえで恒常的に必要と認められる運転資金。本書で掲載している「所要運転資金」と同義であり計算式も同じである（図表70）。前記マトリクスからは要注意先であっても「正常な運転資金」と見做される貸出については「非分類」と評価されることがわかる。

【優良担保・優良保証】

預金や国債など信用力の高い有価証券、もしくは決済確実な商業手形等を優良担保言う。

また、信用保証協会など国による保証が付されているか、金融機関が保証している部分などを優良保証と言う。

当然のことながら優良担保や優良保証でカバーされている債権は例え法的整理をしている「破綻先」であっても、回収確実となるため「非分類」となる。

【一般担保・一般保証】

優良担保以外の担保であり、客観的に処分可能額が明らかな担保を「**一般担保**」という。不動産担保が代表的である。不動産担保の評価額は銀行が独

図表69　分類債権と非分類債権

		正常な運転資金	優良担保、優良保証による保全部分	一般担保、一般保証による保全部分		非保全部分
				回収可能見込額	同左超過部分	
正常先		非分類	非分類	非分類		非分類
要注意先	下記以外	非分類	非分類	非分類		非分類
	リスケまたは延滞債権等	非分類	非分類	Ⅱ分類		Ⅱ分類
破綻懸念先		—	非分類	Ⅱ分類	Ⅲ分類	Ⅲ分類
実質破綻先		—	非分類	Ⅱ分類	Ⅲ分類	Ⅳ分類
破綻先		—	非分類	Ⅱ分類	Ⅲ分類	Ⅳ分類

自に査定しているが、不動産鑑定評価があれば当該鑑定評価額を優先させることが多い。不動産鑑定評価額などを「時価」とし、「時価」に対して土地部分に80％、建物部分に70％などの独自の掛目を掛けた値を銀行の保全額として評価する。掛目などは各銀行独自に設定することとなるが、「時価」すなわち「保全額」とはならない点に留意が必要である。

一般保証とは、優良保証ではない保証であり、実際に弁済能力が認められるものを言う。中小企業などで代表者が連帯保証を差し入れている場合は含まれない。

【リスケまたは延滞債権など】

リ・スケジュールを実施している債権、金利減免・棚上げや返済猶予などを行っている債権、極端に長期の返済契約がなされている債権などが挙げられる。

また、形式的には問題が生じていない債権であっても今後問題を生ずる可能性が高いと認められる債権も該当する。

図表70　バランス・シートと正常な運転資金

売上債権	買入債務
在庫	正常な運転資金

03 バンク・ミーティング

バンク・ミーティングの意義

バンク・ミーティングは、**銀行団向けの決算説明会**である。上場企業などがアナリスト・ミーティングを開くのと似ているが、アナリスト・ミーティングは一般株主の代理として企業レポートを報告するために参加している。つまり､資金の出し手ではない者が自社の顧客に対して対象会社の株式が｢売り」か「買い」かを判断する材料を求めて参加している。当然、アナリストの視座は「対象会社の株が上がるか、下がるか」という視点である。したがって、ある程度は風呂敷を広げて夢を語る必要がある。

それに対して、バンク・ミーティングは直接的な資金の出し手である銀行向けのミーティングである。参加者の視座は、株式と違い、株価が上がるか下がるかではなく、「**融資金を増やすべきか減らすべきか**」に向かっている。業績堅調で事業拡大局面の企業の場合、いかなる資金需要で追加の融資を行うか、具体的な資金需要を見極める場となる。したがって、現実的な話をする必要があるのである。

多くの場合、企業が取引銀行ごとに個別に決算報告を行う。しかし、取引銀行が多数にのぼる場合には、報告事務の簡略化を図るのみならず、「**取引銀行すべてに均一の情報を提供する**」という観点からもバンク・ミーティング開催の意義はある。

また、オフィシャルな場面を作ることにより、企業側も事前準備に緊張感を持って取り組むこととなる。個別の決算説明の場合、決算書と資金繰り表を持参し適当に説明をして済ますことも可能であるが、バンク・ミーティングの場合はアジェンダ作りに始まり、決算説明資料を作成しなければならない。また、決算を踏まえた今後の自社の戦略にも触れなければならない。バンク・ミーティングは**自らを見つめ直す副次効果も得られる**のである。

メインバンクとの事前調整

バンク・ミーティングはいまだ十分活用されていない。シンジケート・ローン組成のタイミングや何らかの金融支援を受けなければならないときなどには開催されることがあるが、平時の決算説明などでは馴染みが薄い。

バンク・ミーティング開催の方針を決めたら、直ちにアジェンダを作り、メインバンクに対して事前調整を図りに行かなければならない。

メインバンクは企業側が想定している以上に「うちがメインだ」という意識が強い。また、企業から見れば非常に思い上がった考えではあるが、「うちに相談なしに勝手なことをしてもらっては困る」との考え方を持っている。しかし、銀行から調達する資金は資本コストが極めて低く、企業価値向上に大きく貢献するものである。**企業としては銀行側の考えや立場を十分に配慮することのメリットは大きい**のである。

バンク・ミーティングの資料をドラフト・ベースで報告し、メインバンクの意見を取り入れつつクリーン版に仕上げていくのが理想的である。このプロセスで担当者との信頼関係も深まる。バンク・ミーティング当日にはメインバンクからコメントしてもらう時間も確保したい。

バンク・ミーティングの留意点

ただし、**バンク・ミーティングを一度開催したら基本的には継続して実施しなければならない**。自社のマンパワーから逆算して、開催頻度を定めることとなる。特にトピックスがない場合は、決算報告の場との位置づけで年に一回で十分であろう。

企業側のメンバーは社長と財務担当取締役以下の主要なファイナンス担当者は必須である。ただし、ビジネス面の詳細な説明を求められることもあるため、営業担当取締役もメンバーに加えるべきであろう。銀行側は営業担当者と接点を持つことが少ないため好意的に受け止めてくれるはずである。

04 シンジケート・ローン

シンジケート・ローンの概要

近年一般化しつつある資金調達手法が「**シンジケート・ローン**」である。企業側は資金調達手段の多様化や資金調達交渉をアレンジャーに一任できることから「**事務コストの軽減が図れる**」点がメリットと言われており、銀行側にとっても、リレーションシップ・バンキングに寄らない新たな貸出手法として近年急速に拡大した経緯がある。また、複数の銀行が参加することによって「**一行では賄えないような大規模な資金調達も可能となる**」点もメリットであろう。

シンジケート・ローンは**複数の銀行が同一契約書に調印し、同一条件で貸出する手法**である。同一条件と言うのは、金利のみならず、借入人たる企業の財政状況のモニタリング方法や事後支援方法まで貸付銀行団で意思結集して同一の行動をとることを意味している。相対貸出（バイラテ貸出とも言う。Bilateral が語源）の場合は企業に対する見方が異なる各銀行と個別に条件折衝を行うため、多数の銀行と取引している企業は交渉のプロセスが煩雑となるほか、各銀行の支援方針がバラバラになるときなどは調達そのものに苦労することがある。シンジケート・ローンはそれらのデメリットを解消してくれる利点がある（図表71）。

アレンジャーとは、銀行団取りまとめの主幹事銀行のことである（メインバンクが務めることが多い）。

アレンジャーの業務は、ファイナンス・ストラクチャーの構築、ドキュメンテーションのサポート、参加行の招聘などであり、その対価として企業はアレンジメント・フィーを支払う。

無事、シンジケート・ローンの組成が実現したら、アレンジャーは**エージェント**となる。エージェント業務は

図表71　シンジケート・ローンの概要

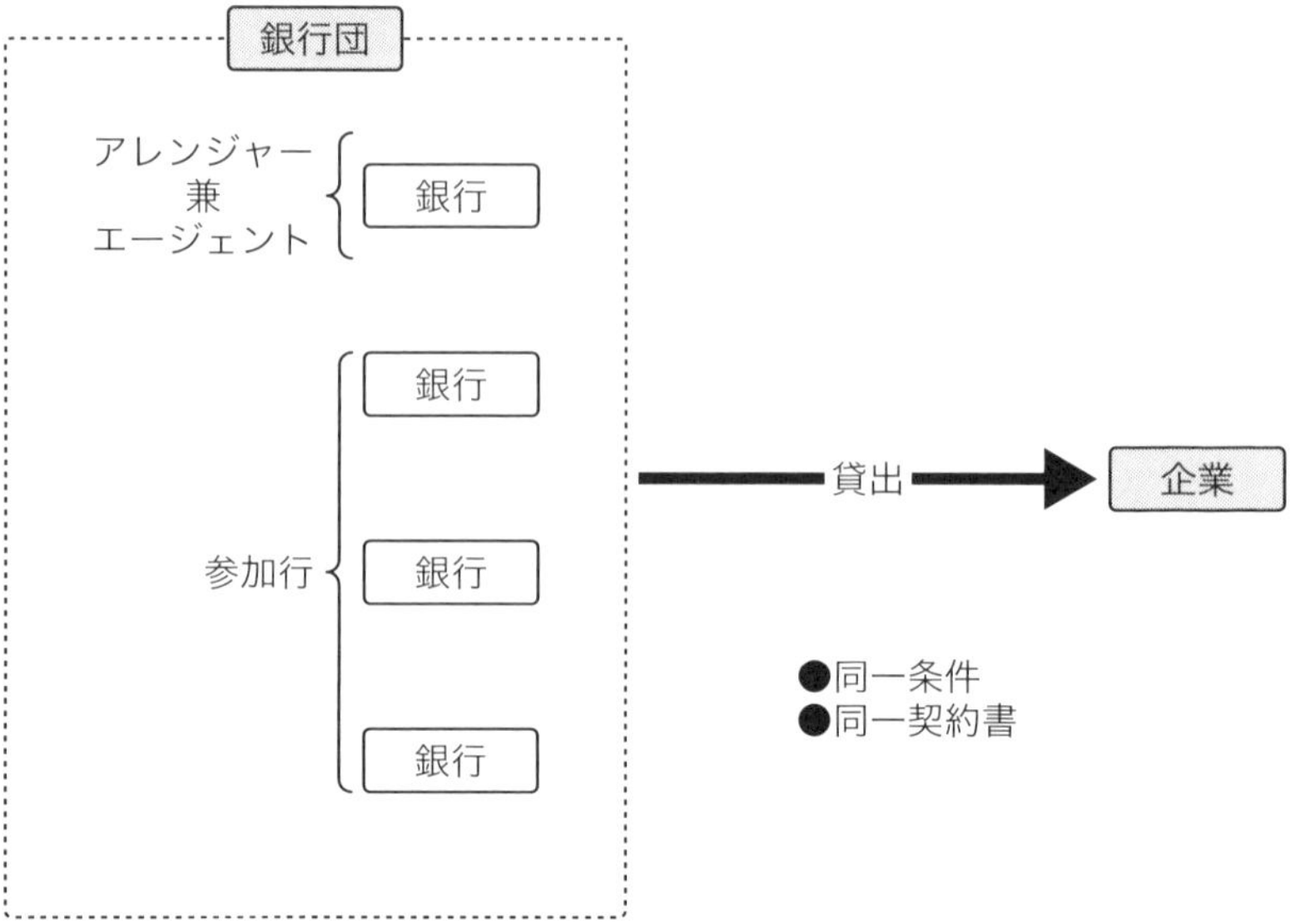

約定弁済の回収及び参加行への配賦（サービシング業務）、企業が契約上約束している財務制限条項などの順守状況の管理などである。企業はこれらの対価として、エージェントに対してエージェント・フィーを支払う。ただし、「エージェント」の法的立場は企業の代理人ではなく、**参加行の代理人**としての立場となる。したがって、ローン実行後に企業が苦境に立ったときなどにエージェントが企業に替わって参加行に支援要請するという行動はとってくれない。にもかかわらず、エージェント・フィーを企業側が支払うことに違和感を覚える読者も多いと思う。貸出の対価として参加行が得るべき対価の一部を放棄し、参加行に替わって企業がエージェントに支払っている、という建付けなのである。

また、ローンの募集金額に対して参加行の応募金額が不足した場合など、組成が困難な状況のとき、参加行に対して**パーティペイション・フィー**（参加手数料）を支払うことで参加を促すことがある。品がないが「カネで解決しよう」という方法である。

パーティシペイション・フィーは、アレンジメント・フィーの中から支払うケースと企業が新たな負担をして支払うケースのいずれも有り得る。企業の立場に立てば、アレンジャーが組成を受託した以上、アレンジメント・フィーの中から支払うよう要請すべき類のものである（図表72）。

シンジケート・ローンの当事者と費用

シンジケート・ローンは「**市場型間接金融**」と言われ、社債と相対借入との中間に位置づけられる。シンジケート・ローンの投資家は社債の投資家と異なり銀行である。このことから市場型間接金融と言われているのだ。

社債ほどは市場オリエンテッドではない点と、相対借入のように長期的なリレーションシップに基づく総合的な判断で審査が行われるわけではなく、案件ごとに是々非々の判断で投資を決定する点で、相対借入よりは市場性が高いことも意味している。

シンジケート・ローンを銀行団組成の類型別に見ると、次の3つに分けられる。

図表72　シンジケート・ローンの費用

当事者	役割	フィー
アレンジャー	ファイナンス・ストラクチャーの構築 ドキュメンテーション 参加行の招聘	アレンジメント・フィー
エージェント	貸付金の回収及び参加行への配賦 コベナンツのモニタリング	エージェント・フィー
参加行 （パーティシパント）	貸付業務のみ	パーティペイション・フィー （案件組成が難航したときなど）

（クラブ・ディール）……取引銀行のみで組成するシンジケート・ローン
（ジェネラル・ディール）……新規行のみで組成するシンジケート・ローン
（セミジェネラル・ディール）……取引銀行と新規行が混在した形で組成するシンジケート・ローン

しかしながら、現実的には既存の取引銀行のみで組成されるクラブ・ディールが中心であり、リレーションシップ・バンキングに拠る取引と何ら変わらないケースが多い。この場合、アレンジャー兼エージェントに支払うアレンジメント・フィー及びエージェント・フィーなどを踏まえたオールインコストで見た場合、相対借入よりコスト高になるケースもある点、また、シンジケート・ローン契約特有のコベナンツの内容次第では、経営の意思決定に一定の制限が課せられるなど、企業にとってはメリットの多い取引にならないケースも散見される。また、本来シンジケート・ローンには馴染まない中小企業にまでその裾野が広がってきたことにより、コベナンツへの抵触が多発するなど問題も多い。

これらのことから、シンジケート・ローンへの参加を好まない銀行も出てきており、今後、さらに市場が成長していくかどうかは不透明である。

05 コベナンツ抵触時の対応

コベナンツとは何か

コベナンツとは、シンジケート・ローン契約書で定められた「**借入人の確約事項**」のことである（近年は相対取引でもコベナンツを入れることがある）。

企業は借入人として借入期間中はコベナンツを順守しなければならない。

コベナンツ抵触時に企業が被る法的義務は「**期限の利益の請求喪失**」である。ご承知の通り、「期限の利益」とは、借入を約定返済期限までは返済しなくても良い権利のことである。「期限の利益の請求喪失」とは、期限の利益を銀行側の請求で喪失させることができる状態に陥ることを言う。つまり、**コベナンツに抵触した場合、銀行が請求すれば借入を即時に全額返済しなければならなくなるのだ。**

代表的なコベナンツとして、「**財務制限条項**」が挙げられる。何の工夫もしていない契約書であれば、たいていの場合は「純資産維持条項（例　純資産を前期末の75％以上に維持すること）」と「利益維持条項（例　二期連続して営業赤字にならないこと）」で構成される。

コベナンツの設定は、シンジケート・ローン組成時にアレンジャーと企業の間で十分に議論したうえで決めなければならない。簡単に抵触するようなモノでも、まったく実現しそうにない甘いモノでもなく、適度な緊張感を保てるレベルのコベナンツを設定することが重要である。なお、シンジケート・ローンに初めて取り組む企業は、日本債権市場協会（ＪＳＬＡ）のホームページ（https://www.jsla.org/）における公開資料にシンジケート・ローン契約書のひな型が掲載されているのでご参照されたい。

シンジケート・ローンを組成する際には、一般化された契約書を十分に理解したうえでアレンジャーとの協議に入っていただきたい。

コベナンツ抵触時に発生する銀行側の権利

コベナンツに抵触したとき、企業側の対応に応じて銀行側に権利が発生する。企業としては銀行側に発生する権利を行使されないよう、次の要請を行うこととなる。

【期限の利益の請求喪失権の放棄要請】

法的整理や銀行取引停止処分などは、期限の利益の当然喪失事由に該当する。すなわち、クレジット・イベント発生時に銀行側が請求するまでもなく、当然に期限の利益が喪失するのである。

これに対して、コベナンツ抵触時には銀行側に企業に対して期限の利益の喪失を請求する権利が発生する。銀行側が請求しなければ期限の利益は喪失しないのである。

企業としては期限の利益を確保したいので、銀行側に請求させないようにしたい。銀行側としても請求したところで一括返済ができないことはわかっているので請求できない。結果として、期限の利益は守られることになることが多い。

ここで企業側に必要なアクションとしては、銀行に対して期限の利益を請求する権利を放棄してもらうことである。請求権を放棄することを業界では「**ウェーバー**（Waiver）」と言っており、ウェーバーに伴う手数料のことを「**ウ**

エーバー・フィー（Waiver Fee）」と言う。企業はこの2つを放棄してもらうよう依頼しなければならない。

- ウェーバーのお願い
- ウェーバー・フィー免除のお願い

【リ・スケジュール】

コベナンツに抵触した理由が一過性のものであれば良いが、継続的に業績悪化が見込まれる局面であることも多い。そのような局面では約定返済ピッチを見直してもらい返済条件を緩和してもらう必要がある。すなわち、リ・スケジュール（いわゆる「**リスケ**」）をしてもらう必要がある。

リ・スケジュールを行うためには、シンジケート・ローンの契約書を変更することが必要となる。業界では契約書を変更することを「**アメンドメント**（amendment）」と言い、変更手数料のことを「**アメンドメント・フィー**（amendment Fee）」と言う。アメンドに伴い銀行がアメンドメント・フィーを徴求する法的権利はない（原契約書に明示されている場合は法的権利となる）。しかし、当然のようにアメンドメント・フィーを要求してくることが多い。

企業側としては、アメンドメント・フィーの支払いを回避すべく契約書のアメンド、及びアメンドメント・フィー免除の要請をすることとなる。ただし、契約書を変更するだけでは変更契約は実現しない。シンジケート・ローンの参加行がすべて同意しなければならないからだ。そこで原契約のアレンジャーに対し、再アレンジの要請も行う必要がある。当然、再アレンジにかかるアレンジメント・フィーが発生するが、さすがにこれを免除してもらう事例には出会ったことがない。

06 不適切会計があった場合の銀行対応

不適切会計と不正会計

上場企業による粉飾決算や不適切会計の事案は度々ニュースになる。監査法人の監査を受けていてもそのような事象が発生するのは、会計処理が経営者の意思に依拠している点にある。したがって、外部監査を受けていない非上場企業であれば、粉飾決算や不適切会計を行いやすい環境にあると言える。

ここで不適切会計と粉飾決算の違いについて述べる。日本公認会計士協会による定義を引用する。なお、日本公認会計士協会では「粉飾決算」という言葉ではなく、「**不正会計**」という言葉で定義している。筆者はいわゆる「粉飾決算」はマスコミ用語であり、正式には「不正会計」であると認識している。

不適切会計は意図的であるか否かは問わず、「**財務諸表に誤りがあった場合**

の総称」として定義されている。これに対して、不正会計は「**意図的である**」こと、さらに「**違法または不当な利益を得る**」ことを目的としていることを条件としている（図表73）。不正会計の認定の中で、違法または不当な利益の程度によっては関与した人物の刑事責任が問われることになる。

マスコミ報道などでは、これらの言葉の定義を厳密に理解することなく使用している可能性があり、「不適切会計」の場合は少々罪が軽いニュアンスで伝わる。「**不適切会計」はいわゆる粉飾決算も含めた総称である**ことを理解しておきたい（図表74）。

ところで、上場企業のように幅広く一般投資家から資金の提供を受ける企業の場合と金融のプロたる銀行から資金の提供を受ける企業の場合で、ビジネス上の罪の重さは異なる。

銀行は金融のプロとして、また、企業を育成する立場として、企業の実態把握に努める責務がある。預金者か

図表73　不適切会計と不正会計の定義

不適切会計の定義

「意図的であるか否かにかかわらず、財務諸表作成時に入手可能な情報を使用しなかったことによる、または、これを誤用したことによる誤り」

①財務諸表の基礎となるデータの収集または処理上の誤り
②事実の見落としや誤解から生じる会計上の見積りの誤り
③会計方針の適用の誤りまたは表示方法の誤り

不正会計の定義

「不当または違法な利益を得るために他者を欺く行為を伴う。経営者、取締役、監査役など。従業員または第三者による意図的な行為」

出所：日本公認会計士協会「監査・保証実務委員会研究報告第25号」

ら自由な判断で融資しても良いという白紙委任状を受領している立場である。預金者のカネを適切かつ安全に運用するためにも返済能力の認められない企業に融資を行ってはならないのである。これらの考え方が基となり、「**貸し手責任**」という概念があるのである。筆者は第1章で述べたスチュワードシップの考え方が銀行にはあるように感じる。

本書ではデットＩＲにおける不適切会計の対応について述べるため、一般投資家に対するＩＲとは異なる視座で議論する。また、意図的でない不適切会計の場合、事実誤認による誤りであり修正すれば良いだけである。金額にもよるがたいした問題ではない。

そこで、**本書では「意図的な不適切会計」について述べる**こととする。前記の日本公認会計士協会による不正会計の定義については、「意図的」かつ「違法または不当な利益を目的とする」という2つの要件が必要となる。ここで「違法または不当な利益」という概念は、銀行と法的な争いになった際に裁判などを通じて議論されるべきものである。本書では議論の対象外とする。

図表74　不適切会計と不正会計

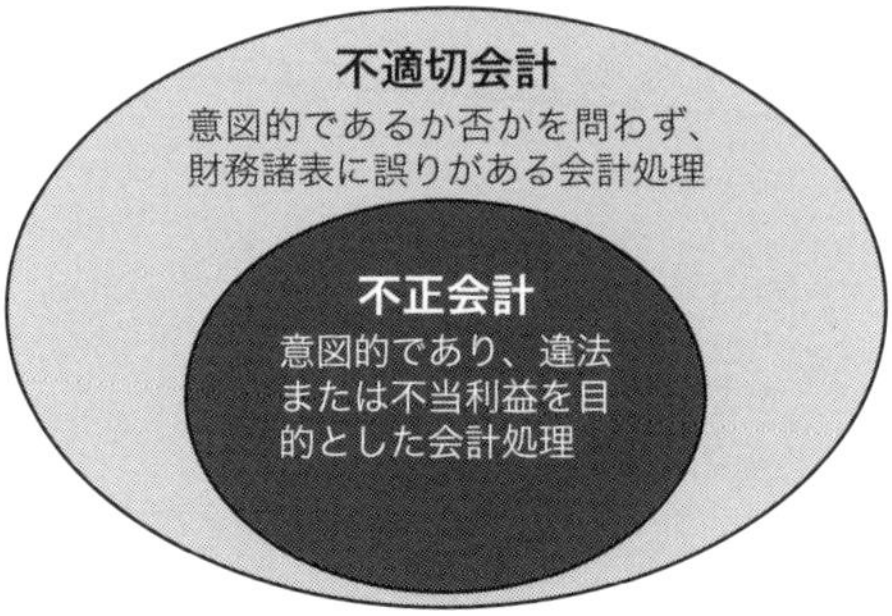
不適切会計
意図的であるか否かを問わず、
財務諸表に誤りがある会計処理
不正会計
意図的であり、違法
または不当利益を目
的とした会計処理

不適切会計の手法

不適切会計を意図的に行う動機は単純である。何らかの手法を用いて期間損益を実態よりもよく見せようとするためである。「赤字になると融資がストップするのではないか」との懸念からやむを得ず意図的な不適切会計を行うのである。

【在庫水増し】

仕入れた在庫が売れたにもかかわらず、在庫を原価計上せず引き続きBSの資産に計上し続ける方法。「売上＝粗利」となり利益は過剰に計上される。非常に古典的な方法である。

製造業などのほか、建設業なども同様である。在庫に相当する未成工事支出金などを工事完工後も資産計上し続けるなどである。

【翌期売上の前倒し計上】

本来翌期に売上計上すべき取引を当期中に計上して利益を過剰計上する方

法。翌期に計上されることが確実な場合、たとえば１カ月分を前倒しするなどして会計処理を行う。この場合、期間売上を13カ月分計上する一方で、在庫は顧客の手に亘っていないので原価計上することなく資産計上されたままとなる。結果として、１カ月分の売上はそのまま粗利となり、期間損益が大きく改善する。

ただし、正常化を図るためには翌期は11カ月分しか売上を計上できなくなる。一方で原価は12カ月分計上することとなり期間損益へのマイナスインパクトが大きい。したがって、翌期以降、継続して期ズレが発生することとなり正常化が困難となる。

【押込み販売による売上計上】

本来顧客側に需要がないにもかかわらず、期末に押し込み販売を行う方法である。翌期になり企業側は売上取り消し処理を行い、顧客に返品してもらうと同時に、受領済の売上代金に手数料を乗せて返金する。やればやるほど企業は損をすることとなるが、不適切会計が長引くとこのような手法を編み出すことが多い。協力する顧客側も心得ており、収益が稼げるので応じることが多い。最終消費者に製品が渡るまでのサプライ・チェーンに関与する企業が多いほど、この手法は成立しやすい。押込み販売を行う際に実際に製品を流通させている場合は商取引が成立していることとなり、監査法人もＯＫを出すことがある。

【期間損益水増しに対する銀行側の責任】

先に述べたように、会計処理は経営者の意思に依拠して行われるが、キャッシュ・フローは経営者の意思とは関係なく現実を描写する。銀行はＢＳ、ＰＬのみならず、キャッシュ・フロー計算書も合わせて分析し、実態収益力を評価できるはずである。キャッシュ・フロー計算書を作成していない企業であっても、ＢＳ、ＰＬから間接法により銀行側で自らキャッシュ・フロー計算書を作成できるはずである。それを怠った結果、不適切会計を見抜けなかったとあれば銀行側にも責任の一端はあるであろう。

また、銀行には企業を育成する責務がある。企業の不適切会計を察知するとともに、解消するための経営改善策について指導しなければならないのだ。ただし、これは建て前であり経営改善策について企業を指導できる銀行員は少ないように見受けられる。銀行員の能力不足という意味ではなく、担当者の業務量や配置の問題で企業の状況を事前に察知して適切な助言を行なえる余裕がないケースが多いのである。問題が深刻になってから専門の担当者を配置するなど基本的に後追い対応とならざるを得ないのが実情であろう。

不適切会計に対する銀行側の考え方

銀行にとってもっとも重要なことは、「**企業の実態把握**」であり、担当支店が十分な実態把握をできていることを自己査定プロセスを通じて審査所幹部に報告している。

銀行による企業の実態把握については、日常的に取引先と接点を持つ中で、ビジネスの状況や決算の途中経過を適宜試算表や資金繰り表などを求めて把握する。また、**企業の活力や経営陣の態度などを感覚的に把握することも重要**である。企業が自ら自社の状況を書面などで説明しなくても銀行は主体的に実態把握しなければならない。つまり、不適切会計がこれまで銀行に提供してきた情報（書面であるか口頭であるかは問わない）により、明示的に説明していなかったとしても、金融のプロである銀行員であれば当然察知していなければならないものであれば、銀行側に落ち度があると言えよう。とりわけ、メインバンクの責任は大きい（メインバンクの情報生産活動）。

不適切会計が明らかになり、貸し倒れが発生するような事態になった場合は、担当支店の支店長は「実態把握能力なし」とのらく印が押され、人事評価上ダメージを受けることになる。そのため、何とかして「取引先に嘘をつかれた」という説明をするためのエビデンスを集めることになる。

しかし、銀行側の責任はさておき、企業としては銀行に貸倒損失を被らせる前に、デットＩＲ活動を通じて可能な限り実態の説明を行っていくのが得策である。支店長を含めた担当している銀行員が「金融のプロ」としての知見を有していない場合もあるからである。

不適切会計の開示方法

不適切会計の開示方法は**バランス・シートへの顕在化がもっとも望ましい**。決算期において過剰に見積もられた資産を償却する方法である。当然、大きな赤字が出ることになるが、一回の処理で膿をすべて出し切れるのであれば一過性の赤字ということになり、銀行の支援体制に甚大な影響を及ぼすことはない。

また、何らかの理由により不適切会計のバランス・シートへの顕在化ができない場合、決算処理では引き続き過剰に見積もられた資産を計上するものの実態は処理すべきであることを書面などで報告する方法もある。営業をしていくうえで、形式的であっても赤字決算を出せないということもあるからだ。

企業に資金を提供してくれている銀行に対しては、実態が伝わっていれば良いのである（繰り返すが、あくまで本項で述べている不適切会計対応はデットIRにおける対応である。広く一般投資家から資金を募っている場合は想定していない点にご留意いただきたい）。

それでは、不適切会計の実態を開示したときに、どの程度であれば許容されるのであろうか。あるいはどのような判断をされるのであろうか。

それは「**正常収益力**」と「**実態バランス**」という2つのキーワードによって判断される。企業としては正常収益力と実態バランスを自ら主体的に計測して説明を行うことがもっとも重要である。自ら主体的に行わなければ、銀行側が怪しいと思う勘定科目についてバラバラと問い合わせを受け、それでも理解できない場合はネガティブに評価されることにつながるからである。

さりとて、不適切会計を開示する言い方には工夫が必要である。先に述べたように、建前上「金融のプロ」たる銀行員は明示的に示さなくても企業の実態把握能力があるはずである。「金融のプロ」に対して、「実は利益を水増ししていました」などと告白すると、「金融のプロ」はどのように対処してよいかわからなくなる。つまり、審査所幹部に「利益の水増しを申告された」などと報告すると、「この企業はけしからん」という意見よりも「キャッシュ・フローを見れば明らかであろう。担当者の能力が低いのが問題だ」と審査所幹部から言われるため、担当者としては行内でのマイナス評価につながる可能性が高い。

「**会計処理の厳格化を図った結果、こうなった**」などの説明で開示するのが双方の立場を大きく傷つけることなく、前に進むことができるのである。

日本公認会計士協会の定義を借りれば、意図的に不適切会計を行っていても、違法・不当な利益を目的としていなければ不正会計にはならない（本書の読者は融資金をだまし取るなど違法な利益を目的に不適切会計をする企業ではないため、不正会計のケースは想定していない）。

「Account is Opinion,Cash is Real.」

という言葉があるが、あくまで会計は経営者の方針で処理するマターである。「**その方針が誤っていたので適正化する**」というプロセスが不適切会計の開示プロセスなのである。

それでも開示をためらう企業も多いと思われる。開示するかしないかは別として、まずは自ら実態把握を行うことが未来へつながるのである。とにかく、以下に述べる自社の実態把握を急いで欲しい。

正常収益力の算定

正常収益力は会計上の利益ではなく、「**正味どの程度稼げる力があるか**」という概念である。

過年度のPLから正常ではない損益勘定及び特別な損益勘定を控除した結果残る収益を指す。正常でない損益とは、グループ会社間でキャッチボールをした場合などが該当するが、「何が〝正常でない損益〟なのか」は会計担当社とファイナンス担当者が一番知っているはずである。また、特別な損益勘定とは、有価証券の売却損益やリストラ費用などが該当する。また、費用を過小計上しているケースでは、費用を追加して正常収益力を見積もる必要がある。

また、会計上の「特別」という勘定科目の名称にこだわってはならない。たとえば、毎年スクラップ・アンド・ビルドが求められる外食チェーン企業などは店舗撤退に伴う特別損失を毎年計上している。このような場合、会計上「特別」という勘定に計上していたとしても「特別」ではない、と認識すべきであろう（図表75）。

ビジネスの質に応じて、**「正常でないもの」「特別でないもの」**を認定して正常収益力を見積もるべきである。これらの作業を企業側が主体的に行わなければ、ビジネスの質を理解していない銀行側に形式的に評価されることとなる。この場合、過小に評価されることにつながることが多い。

なお、**正常収益力の判定は、直近決算のみならず過去数年間にわたるトレンドも示した方が望ましい。**

実態バランスの評価方法

実態バランスの評価方法はValuationの時価純資産法

図表75　簿価PLと正常収益力

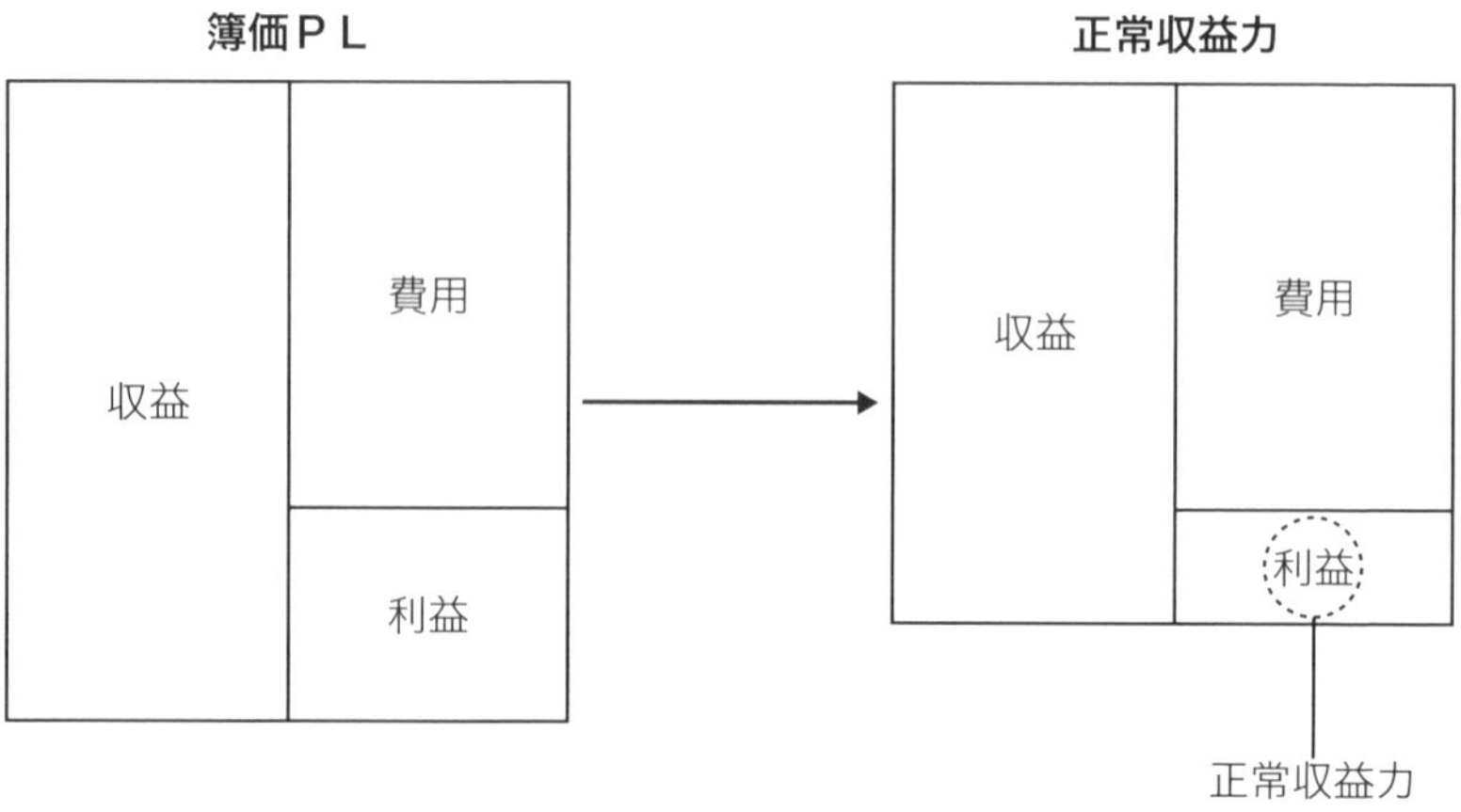

に似ており、ゴーイング・コンサーン・ベースによる視座で評価を行う。たとえば、営業用車両など中古車市場で処分すれば大幅に簿価を下回るものと評価するのが清算価値ベースであるのに対し、営業に供することで価値があると見做し簿価から減じることなく評価するのがゴーイング・コンサーン・ベースによる評価である。

実態バランスの算定方法は、不適切会計により過大に計上されている資産を減じるとともに、過小に計上している負債（簿外債務）があれば加える作業である。その結果、「**実態バランスで純資産がどの程度になるか**」というポイントが知りたいのである（図表76）。

また、不適切会計相当額の控除のみならず、不動産や有価証券など時価評価が可能な資産はその含み損益も反映させることとなる。不動産については、不動産鑑定評価があれば望ましいが、特に鑑定評価を実施していない場合は近隣売買事例や路線価などから坪単価を求め簡易に評価することでも構わない（ただし、最終的には不動

図表76　簿価BSと実態バランス

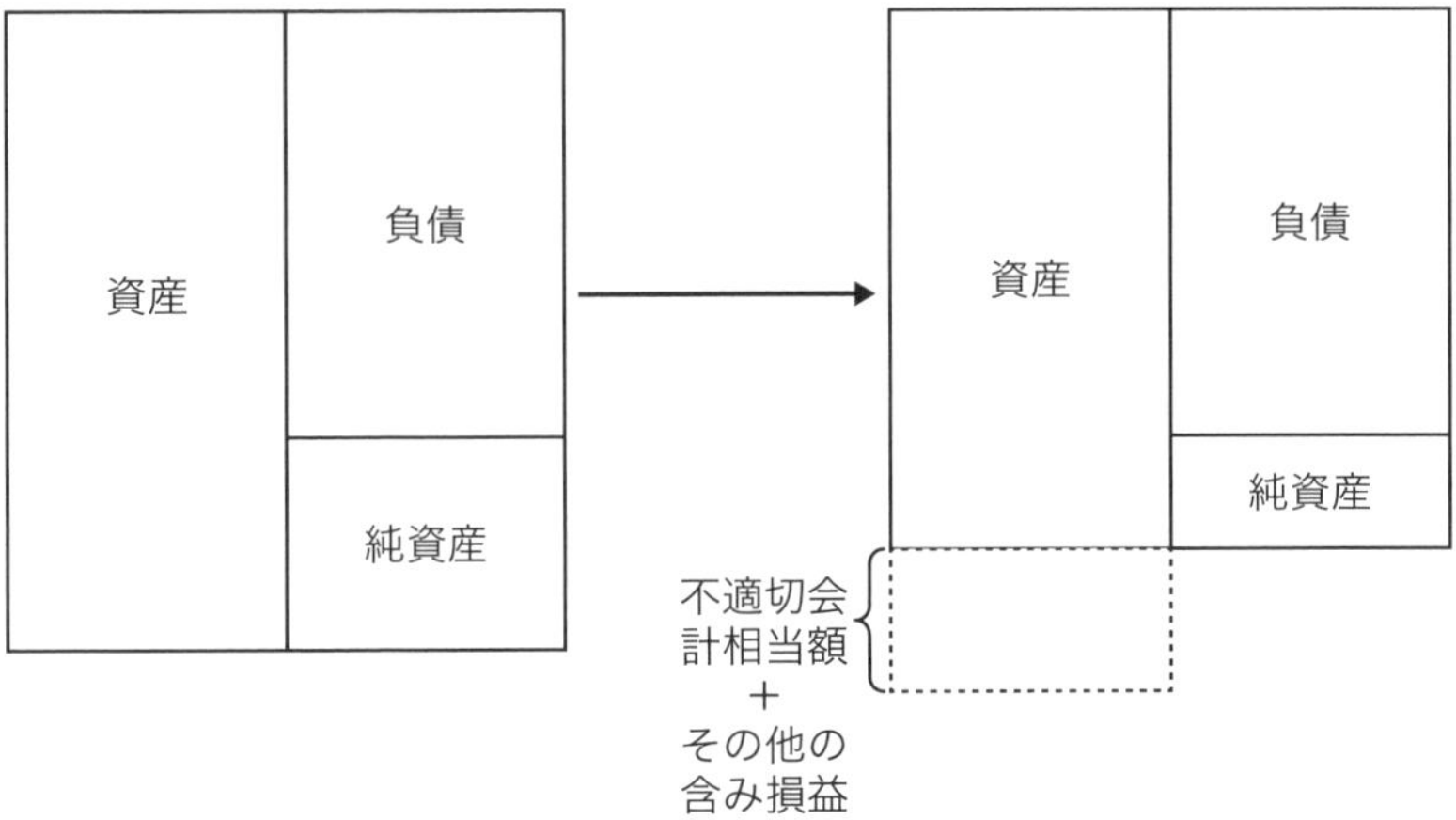

産鑑定評価を求められることが多い)。

有価証券については、上場株式など時価があるものは決算期時点の株価を反映させれば良いが、子会社や取引先で非上場会社の場合は当該非上場会社のBS、PLを取得しておく必要がある。安定的に黒字計上している場合は取得簿価のまま存置しても良いが、赤字が常態化するなどにより、簿価債務超過の場合は含み損失を認識することとなる。

不適切会計開示後の銀行側の判断基準

【ケース1】正常収益力プラス&実質資産超過

不適切会計を開示した結果、正常収益力がプラスであり今期もプラス計上見込であるときは、ビジネスそのものは特段問題ないものと判断できる。さらに、実態バランスにおいても資産超過の場合は自己査定において引き続き「正常先」に存置される可能性が高い。

従来と変わらず、折り返し運転資金を調達できるであろう。実態収益力相当額の有利子負債が毎年減少していくことが望ましく、その範囲内で銀行は融資と約定返済の条件を設定することとなる。

もちろん、新規の設備投資や売上が増加することによる増加運転資金などは別枠でニューマネーを調達することが可能である。不適切会計があったとしてもその影響は限定的なケースと言える。

【ケース2】正常収益力プラス&実質債務超過

実態バランスがマイナスとなった場合は、自己査定において「**要注意先**」となる可能性が高い。

「要注意先」は「要注意先1」と「要注意先2」に大別され、「要注意先1」となれば銀行の貸出ポートフォリオ全体に対して一定の掛目で引当金を計上し、「要注意先2」となれば個別に引当を計上することになる。このため、今後の融資姿勢に一定の制限がかかる。

ただし、「要注意先」であっても融資を継続することが可能となるのは、正常収益力がプラスであり今期もプラス計上が見込まれる企業である。他方、実態バランスにおけるマイナス幅、すなわち「実質債務超過額が正常収益力の何年分に相当するか」という問題も重要になってくる。すなわち、「**実質債務超過がいつ解消する見込みか**」という問題である。

実質債務超過が早期に解消される見込みであれば要注意先1に留まり、早期ではないものの計画期間中に解消見込であれば要注意先2となる。

計画期間とは後述する経営改善計画における数値計画のことであり、このような局面になった企業は何らかの金融支援を求めた方が得策となる場合が多い。このとき、「早期に解消」の基準は銀行により異なるが、概ね「1〜3年」を早期と呼ぶことが多い。なお、要注意先2のことを「要管理先」と言う場合がある。この場合は要注意先1のことを単に「要注意先」と呼ぶ（図表77）。

【ケース3】正常収益力マイナス

正常収益力マイナスが常態化している場合は、構造改革が必要な局面であろう。現在、実質資産超過であっても、近い将来、実質債務超過に陥る蓋然性が高い。

無駄な費用を削減すれば正常収益力がプラスになる程度であれば、コスト・リストラクチャリングの施策を示

図表77　要注意先1と要注意先2

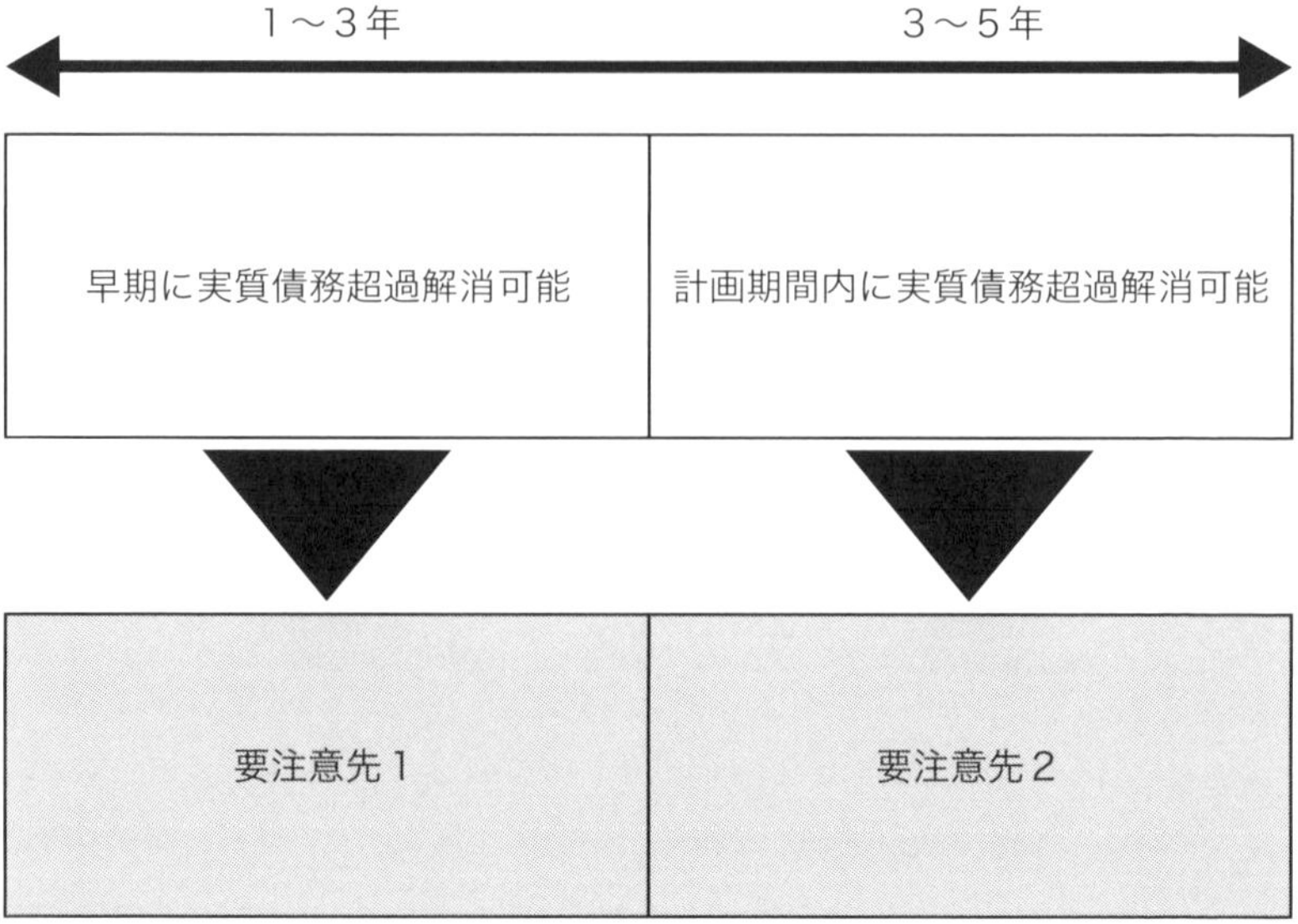

した経営改善計画を策定すれば良い。しかし、コスト・リストラクチャリングのみでは立ち直れないような状況であれば、ビジネスそのものが外部環境に適応できていない可能性がある。製造業などのように外部環境の変化が激しい業界にある企業は注意が必要である。改めて財務戦略を再構築する局面と言える。

コスト・リストラクチャリングはもちろんのこと、すでに外部環境に適応しなくなったビジネスに紐づく資産を売却し、新たな投資を行うなどして戦略の再構築が必要である。信頼のおけるコンサルティング・ファームを入れて経営改善計画の策定に着手すべきであろう。

07 デット・リストラクチャリング

デット・リストラクチャリングの類型

デット・リストラクチャリングとは、**金融債務を再編する手法**のことである。

この手法は大きく4つの類型に分けられる。実質債務超過と正常収益力の関係から程度が軽い順に、「**リ・スケジュール**」「**デット・デット・スワップ（DDS）**」「**デット・エクイティ・スワップ（DES）**」「**債務免除（DPO／Discount Pay Off）**」となる。

デット・リストラクチャリングは、企業側からの視点での言葉である。これを銀行側の視点で言うと、「**金融支援**」という言葉になる。銀行に対してこの種の要請を行う場合は、「デット・リストラクチャリング」という言葉は避けた方がいい。銀行にとってはただでさえネガティブな案件なのに、自らがリストラ対象となるニュアンスを被せることになりかねないからである。

なお、金融支援は取引銀行が複数にわたる場合、全行一致で支援方法について了解を得なければならず、当事者のみでは交渉不可能な場合が多い（程度の軽いリ・スケジュールであれば、当事者同士で成約に至る場合がある）。

交渉に当たっては、FAの活用を念頭に置くべきであろう。

【リ・スケジュール】

既存借入金の年間返済額を正常収益力の範囲内に軽減し、改めてスケジューリングする方法。

【DDS】

既存借入金の一部を劣後ローンに振り替える方法。

一定の要件を充たす劣後ローンは、金融庁の金融検査マニュアルにおいて自己資本と見做してもよいとされており、正常収益力による実質債務超過解消年数が5年以上になる場合などに用いられる。仮に実質債務超過解消年数が8年だった場合、そのうち3年分相当額の借入を劣後ローンに振り替えることとなる。ただし、あくまでバランス・シートのうえでは負債であることには変わりない。
DDS実行後に存置された借入（シニア・ローン）相当額を10～15年で完済した後に劣後ローンはシニア・ローンに再度振り替えることとなり、改めて返済スケジュールを協議することとなる。

【DES】

DDSと同様の手法であるが、劣後ローンに振り替えるのではなく、株式に振り替える手法である。
たいていの場合は普通株式ではなく、優先株式を新規発行する形で振り替えることとなる。DDSとの違いは、対外的に自己資本が充実したことを明示できる点である。他方、銀行にとってはDESを実行した後の出口が不明瞭である点でDDSよりもハードルが高い。DES契約において一定の条件を設けて優先株式を企業に買い取らせる権利（優先株式のプット・オプション）を付与するなどして、出口を担保する建付けにする。

【DPO】

DDS、DESを行っても正常収益力での実質債務超過解消が5年を超える場合、当該超過部分を債務免除する方法。

極めてハードルが高く、通常は民事再生法や会社更生法などの法的整理、もしくは事業再生ADRなどの私的整理の枠組みに沿って交渉することとなる。法的整理にした場合、銀行だけに債務免除させることはできず、一般の仕入先なども含めて残高シェアに応じたプロラタで債務免除をしてもらうことになる。

銀行だけに債務免除させるには、私的整理の手法しかない点に留意が必要である。

デット・リストラクチャリングの基本的考え方

デット・リストラクチャリングの基本的考え方は、「**実質債務超過解消を何年で達成できるか**」という観点に依拠している。一般論として許容される最長期間は5年である。5年以内に正常収益力で実質債務超過を解消できることができれば、もっとも簡易な金融支援であるリ・スケジュールで対応することとなる。つまり、企業が自力で実質債務超過を解消できるようであれば、約定返済を正常収益力の範囲内に調整するリ・スケジュールで対応するに留まる。

ただし、実質債務超過解消時点で残る借入の債務償還年数が10年以内になっていることが前提である(図表78)。

実質債務超過解消の時期が5年を超える場合、当該超過部部分の借入をDDSやDESで自己資本に振り替える形を採る。同様に、実質債務超過解消時点で残る債務を10年以内で返済できることが前提である(図表79)。

DDSやDESを実施し、債務超過解消時点での債務償還年数が10年を超える場合、債務免除が検討されることとなるが、現実的には私的整理にせよ、法的整理にせよ、自力再生は困難を極める。第三者のエクイティ・スポンサーを招聘して自己資本の充実を図らなければならないことが多い。ニューマネーを注入する必要がある際には、スポンサーからの出資金を企業の自己資本として充当することが望ましいが、一部は既存借入の返済にま

図表78　必要条件としての実質債務超過解消時の債務償還年数見込み(リスケの場合)

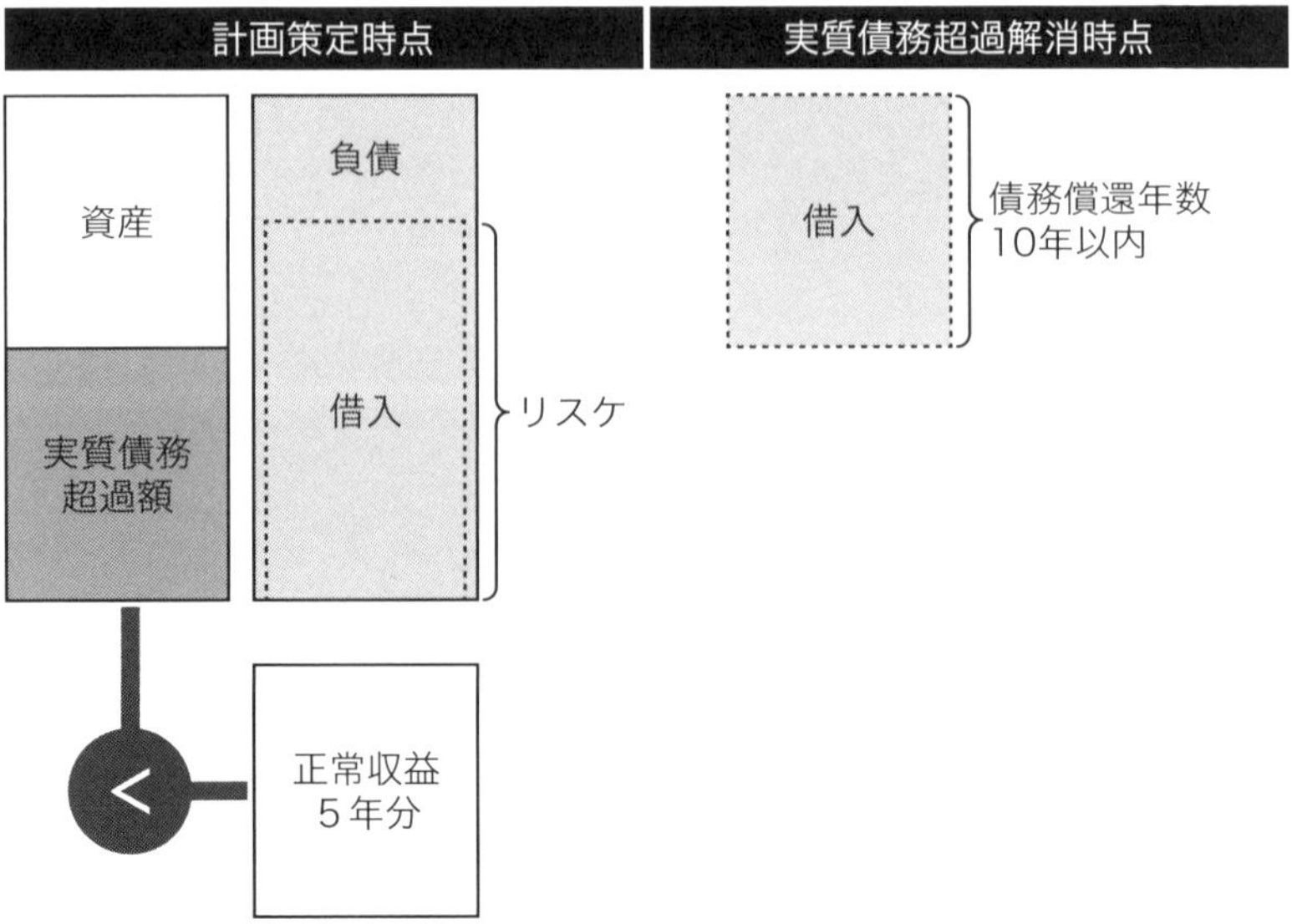

図表79　必要条件としての実質債務超過解消時の債務償還年数見込み(DDS/DESの場合)

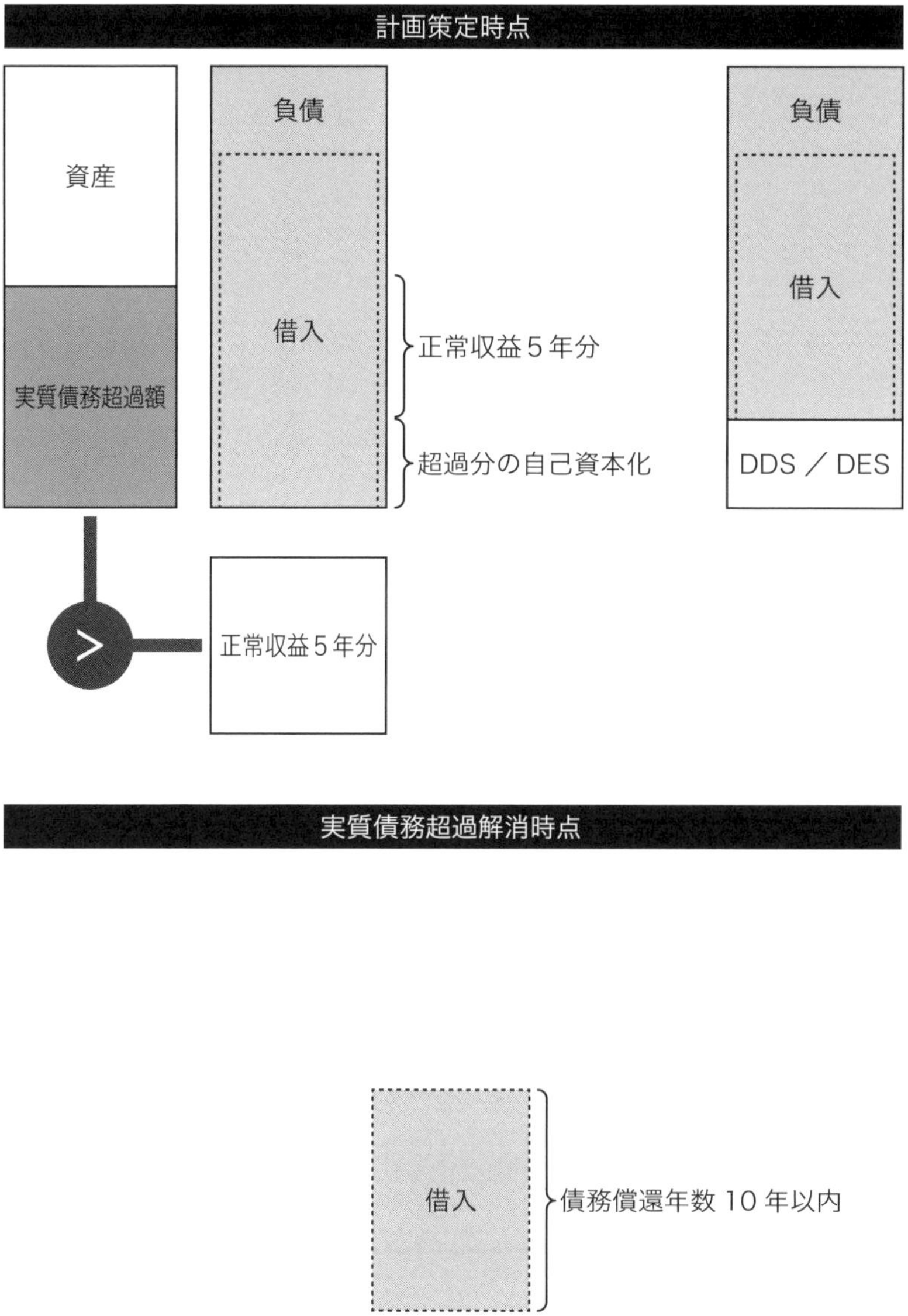

わすよう要求されるであろう。スポンサーとしては、極力既存の負債は軽くしておきたいインセンティブがあるため、法的整理を求めることが想定される。

スポンサーには2種類ある。ここでも**金融投資家**と**戦略投資家**である。

企業再生ファンドなどの金融投資家の場合は、自ら付加価値を加える能力が限られているため、「既存の負債を軽くしたい」というインセンティブが極めて強い。法的整理とセットでの出資が彼らにとってもっとも望ましい。株を安値で買って高値で売ることがビジネスだからである。

他方で、戦略投資家には同業他社などが挙げられる。金融投資家と違い、株を買って高値で売却することが目的ではない。「自社の本業とのシナジーや市場でのシェア向上」が目的である。したがって、サプライ・チェーン全体への影響、従業員の雇用確保などにも配慮することが多い。その分、リストラの度合が軽く、結果として二次ロスを被ることとなる場合もあるので、どちらが望ましいスポンサーかとは一概には言い切れない。

「実抜計画」とは何か

程度の軽いリ・スケジュールを含め、企業が金融支援を求める際には経営改善計画書を策定しなければならない。中でも、「**実現可能性の高い抜本的な経営改善計画書**」のことを「**実抜計画**」と言う。経営改善計画書の中身に「実現可能性」と「抜本的」という意味が込められたものである。

それぞれの意味については以下のようなメルクマールがある。

【実現可能性】

- 計画の実現に必要な関係者との同意
- 計画における債権放棄などの支援の額が確定しており、二次ロスの発生が見込まれる状況でないこと
- 計画における売上高、費用及び利益の予測等の想定が十分に厳しいものとなっていること

【抜本的】

・計画期間中に当該債務者の債務者区分が正常先となること（5年以内の実質債務超過解消、債務償還年数10年以内など）

では、「実現可能性」と「抜本的」を何によって担保するのであろうか？それが第三者による「**ビジネスDD**」と「**財務DD**」である。ビジネスDDは、コンサルタントなどビジネスの質に対する理解がある専門家に依頼することになる。財務DDは監査法人や会計事務所などに実態バランス・シートを厳正にチェックしてもらう作業となる（図表80）。

FAの起用

また、後述するが、金融支援全般を統括する経験豊富なFAを起用することが多い。取引銀行が多い場合、各銀行によって企業への見方が異なるほか、複雑な利害関係が絡むからである。準主力行以下の銀行にとっては、可能な限りメインバンクに負担を寄せようとするし、メインバンクは可能な限り、シェア応分の負担を求めようとする。また、銀行には貸出と担保の「保全バラ

図表80　実抜計画の構成要件

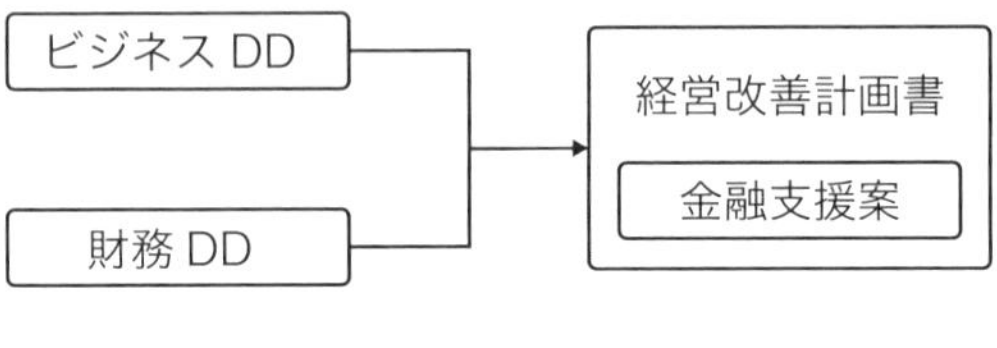

ンス」という概念があり、貸出残高から担保による回収可能額を控除した値が正味エクスポージャーということになる。

たいていの場合、メインバンクがもっとも貸出残高が多いがもっとも担保取得額も多く、意外にも正味エクスポージャーは一番多いわけではないことがある。また、いざというときに抑えられる資産として流動性預金もメインバンクに集中しているケースがあるため、総合取引を勘案した妥当性のある金融支援を依頼しなければならない。

また、取引銀行の中にノンバンクが入っている場合などはさらに混乱を極める。彼らは銀行とは異なる独自のロジックで行動するため、貸付銀行団の意思結集を図る際にまわりを気にせずに異を唱える可能性が高くなる。

これらの複雑な交渉プロセスを当事者が引け目を感じながら推進することは困難であり、経験豊富なFAに委託したほうが良い（図表81）。

とは言え、実際にFAを起用するとなると費用もかかる。どのようなFAが信用できるかどうかもわからないことが多い。金融支援を何度も経験している企業は少ないからである。その場合は、M&AのFA起用の論点でお示しした方法を参考に選定していただければ良いであろう。図表47の要件をM&Aからデッド・リストラクチャリングに読み替えて活用いただきたい。

図表81　銀行交渉と銀行行動

企業の債務者区分	銀行側のニーズ	銀行側の行動	対処案
要注意先	「要注意先に留めたい」	実抜計画（実現可能性の高い抜本的な経営改善計画書）の提出を債務者に要求	◀ 実抜計画の策定 金融支援案の提示及び交渉
破綻懸念先	「出口戦略を立てなければならない」		
実質破綻先		債権売却	

債権者間調整・交渉

08 経営改善計画策定の方法

経営改善計画の記載項目

経営改善計画は、ある程度型にはまった項目に従い策定していくものである。図表82に具体的な項目を取りまとめて記載している。各項目に対する留意点について順を追って述べる。

項目は型にはまっているが、記載する内容や方法は自由である。要は銀行に対して何らかの金融支援を取り付けることが目的である。「**金融支援に値する企業である**」ことをアピールすることがもっとも重要である。

アピールすべきポイントは次の通りである。

①自社が社会的に必要な存在であること

図表82　経営改善計画の記載項目

大項目	小項目
はじめに	
弊社の概要	沿革
	所在地
	主たる事業
	株主の状況
	取締役・監査役の状況
	従業員の状況
	組織図
事業の概要	事業の概況
	市場全体動向
財務内容	損益の状況
	財政状態
	資金の状況
経営改善計画書策定の背景	窮境の状況
	窮境に至った経緯
	窮境原因の除去方針
経営改善計画の骨子	計画期間
	基本方針
	主なアクション・プランと実行スケジュール
	経営者責任
	経営改善計画遂行の体制
	数値計画
金融機関への支援ご依頼事項	返済計画
	具体的な支援ご依頼内容
	その他のご依頼事項
経営改善計画の管理方法	
個別承諾事項・コベナンツ	個別承諾事項
	コベナンツ

②地域の雇用を確保するために必要な存在であること
③逃げも隠れもしない企業であること

これらのことを、各項目に記載している内容から感じさせることができれば成功と言える。

各項目の概要と留意点

【弊社の概要】

この項目はいずれも会社案内に記載されている程度の情報である。特段の知見を要することなく淡々と記載することも可能であるが、多少の工夫を加えることは可能である。「弊社の概要」において銀行がもっとも注目するのが**沿革**である。通常の沿革に加え、取引銀行との取引歴などでアピールすべきポイントがあれば記載しても良いだろう。「取引歴が長い」「現在取締役になっている支店長が担当してくれていた」などである。

また、従業員の状況については、社員の勤続年数が長い場合などはそれらもアピールポイントとなる。

弊社の概要に相当する内容は、上場企業の有価証券報告書にも記載されている。中には非常に上手に記載している企業もあるので、他社の事例などを参照しても良いだろう。

【事業の概要】

（事業の概況）

事業の概要をまとめるのみならず、製品が最終消費者に行き渡るまでのサプライ・チェーン全体を図示したうえで、自社の位置づけを明らかにするのが望ましい。できれば図表を豊富に用いつつ自社以外の主要なプレーヤーと取引量、シェアなども記載できればなお良いだろう。

（市場全体動向）

市場全体の動向については市場規模を市場のセグメント別に棒グラフで示せればベストである。また、地域に特化している場合、全国ベースと自社の地域ベースに分けて表示した方が良い。

しかし、市場規模に関してはデータが取得できないこともある。その場合、主要なプレーヤーの売上情報を集めるなどしてデータを構築する方法をとる。何らかの方法で市場の全体像を描くのである。

銀行は「**市場規模が拡大しているのか、縮小しているのか**」ということを知りたい。市場規模が縮小傾向にあるにもかかわらず、後記する自社の売り上げ計画が右肩上がりだったら、「根拠に乏しい」と指摘することになる。市場規模の表示方法は「**自社が今後どの分野に注力していくのか**」によって我田引水的にデータを集めるべきなのである。

たとえば、自社がアパレル産業に従事しており、30代のキャリア女性向けの高付加価値製品を販売していく方針だとする。そのとき、アパレル産業の市場規模が縮小傾向であれば、右肩上がりの計画は根拠に乏しいとなる。しかし、アパレル産業の市場規模のみならず、働く女性の数の推移や働く女性の衣服への消費動向の推移などを合わせて表示すれば、右肩上がりの計画が現実的に見えてくるものである。

【財務内容】

（損益の状況）

過年度のＰＬ推移を記載する。ただし、後に述べることとなる窮境の原因が発生した時点より前に遡って記載する必要がある。窮境原因が８年前に発生し今日に至っている場合はその前三期分程度から、すなわち11年程度前から記載し、巡航速度だった時期との違いを明らかにした方が良い。

また、可能な限り正常収益力も毎期分記載し、実態を理解させるよう努めるとより好印象となる。

（財政状態）

損益の状況に紐づくＢＳを記載する。ここで各年度の実態バランスを記載する必要はないが、正常収益力を算出する際に当然ＢＳにも影響が及ぶので、その範囲で各期ＢＳに反映させる必要はある。特記事項があれば補記しておくべきである。特に多くの場合、過剰資産が計上された時点が窮境原因の出発点となっているからだ。

もちろん、直近期においては実態バランスを掲載しておかなければならない。

（資金の状況）

同様に、ＰＬ及びＢＳの状況に紐づき、キャッシュ・フロー計算書を記載する。常日頃利用している資金繰り表はＢＳ、ＰＬと完全にマッチしていないことが多いのでＢＳ、ＰＬから間接法によりキャッシュ・フロー計算書を作成し掲載することとなる。

正常収益力はキャッシュ・フロー計算書のフリー・キャッシュ・フローに近似しているはずであり、そこがチェックポイントとなる。

【経営改善計画書策定の背景】

（窮境の状況）

経営改善計画書を策定しなければならなくなった状況を「**窮境の状況**」と言う。

窮境の状況とは、実態バランスにおいて実質債務超過に陥っている状況、さらには正常収益力を勘案すれば既存借入の約定返済が困難な状況のことを言う。

（窮境に至った経緯）

窮境の状況に至った経緯を記載する。何らかの大口不良債権が発生したなど、原因を特定できる場合はその原因を明示する。この場合、本業には問題がないケースが多く簡易な表現に留まる。

しかし、外部環境の変化などにより自社の展開するビジネスが現状のままでは立ち行かなくなる懸念がある場合は、その構造要因を明らかにしなければならない。ファイナンス担当者として仮説思考を十分に発揮し、創造力を働かせて検討しなければならない項目である。

本書記載の外部環境分析及び内部資源分析を参考にするなどしてビジネスの本質に切り込んだ説明が求められる。

（窮境原因の除去方針）

窮境原因が一過性のものであれば、過剰に見積もられた資産の償却方針を記載することとなる。一方、構造要因に求める場合は人件費を削減するなどといった簡易なリストラではなく、リターンを期待できなくなったビジネスそのものをリストラするなどして、抜本的な構造改革を行うこととなる。当然、コストのみならず、アセットのリストラクチャリングも伴うこととなり、均衡点を見出すこととなる。

ただし、縮小均衡を狙う場合には留意点がある。往々にしてソフト・ランディングを図りたくなるものである。その場合、ダウンサイジングとともに費用の減少以上に収益の減少をもたらすことがある。相当程度覚悟をもったリストラを行わなければ、第二次経営改善計画を策定しなければならなくなる。一見するとハード・ランディングに思えるようなプランであっても、後から考えれば一番近道であり、流す血ももっとも少なくて済むものである。

【経営改善計画の骨子】

(計画期間)

計画期間とは、経営改善計画における業績計画の期間のことである。通常の事業計画を策定するときと異なり一定のルールがある。

経営改善計画を策定するに至った経緯としては、実態バランスにおける実質債務超過が背景にある。銀行が許容する実質債務超過解消に至る限度は計画期間5年目までである。したがって、計画期間は最低限5年間必要となる。また、DDSなどの債権の自己資本化を図る場合は計画期間から15年目までに非自己資本化債権（**シニアローン**）の完済が必要となる。つまり、15年目までの数値計画が必要となる。

冒頭に述べたように、時間軸が先になればなるほど不確実性は高まる。5年後の計画でさえ絵空事になるかもしれない。ましてや15年後の計画などまったく現実的ではない。しかし、銀行は大量の取引先に対応していかなければならない状況であり、かつ担当する行員の能力も玉石混淆であるのが実態である。したがって、何らかの型にはめなければならないため、このようなルールがあるのである。金融支援を受けるためである。15年間の事業計画を策定しなければならない。

他方、銀行に対しては実質債務超過解消を達成した時点で最初の義務をクリアしたことになる。計画策定時とは外部環境も変わっている。筆者は実質債務超過解消時点で、その後の数値計画を改めて再構築して対応するようにしている。銀行は主体的に企業に対してアドバイスするよう金融庁からも指導されている。しかし、日経新聞の一面に掲載されるレベルの大企業でなければ、銀行側が優秀なスタッフを重層的に配備することはない。

たいていの場合は、企業が自発的にポスト金融支援のモニタリング体制について行動すべきなのである。

（基本方針）

経営改善を具現化するための経営戦略を記載する。「**不採算のA事業から撤退し、B事業に集中する**」といった内容になる。

経営戦略策定の背景がすでに述べられていれば数行で終わるが、十分な説明がなされていない場合は「**今後の外部環境がどのように変化するか**」という仮説を持っており、その仮説を踏まえてA事業から撤退し、B事業に集中する戦略を選択する、という理由を説明する必要がある。

（主なアクション・プランと実行スケジュール）

前記の基本方針を実行するための営業施策、リストラ施策を明示する。

営業施策については、たいていの銀行員は理解できない。「**リストラによりコストがどれだけ下がるか**」に注目している。ビジネスを理解できないからやむを得ないことであるが、営業施策についても簡易に述べるに留まらず、可能な限り、戦略形成プロセスを明示し啓蒙するつもりで説明して欲しい。そうしないと、「右肩下がりで縮小均衡できるかどうか」に焦点が集まることとなるからである。

（経営者責任）

後述する銀行への要請事項がリ・スケジュールであれば、経営者責任は問われることはない。しかし、債権の自己資本化（DDS／DES）となれば、経営責任について十分な説明が必要となる。

最初に責任を取らなければならないのは株主である。株主は減資により責任を取ることとなるが、DDSの場合は明示的に減資することはない。そもそも実質債務超過なので、株主の時価総額はゼロと言えるからでもある。また、いずれ劣後ローンも返済対象となることが前提であり、銀行側にも株主責任を取らせるインセンティブは少ない。

次に責任を取るべきは株主から委任を受けている経営者である。ここでは代表取締役のことを指している。ただし、主要株主と代表取締役が同一のオーナー企業の場合、責任を取って退任するわけにもいかないという実情もある。他に替わりがいないからである。そのような場合は「**本来は退任すべきところだが、今後再生を果たすことで責任を果たしたい**」という表現で留任することが企業にとっても銀行にとっても望ましい。ただし、報酬カットなどは入れた方が心証は良い。とりわけ、多額の報酬を得ていた場合などはメインバンクの支店長よりは低い年収に落とすことが望ましい。極めてくだらない話であるが、金融支援をする企業の社長が自分より給与が高い場合、「経営責任が不十分だ」と根拠なく発言するものである。そのような指摘を未然に防ぐ意味でも重要な要件となる。給与など再生を果たした後にいくらでも取ればよいのである。

他方、所有と経営が分離している企業においては、代表取締役の退任は必至となる。サラリーマン経営者の場合は退任することで経営責任を果たしたと見做されることが多い。その場合の退職金支給については企業の財政状況や代表取締役の功罪を踏まえ、支払うのか、いったん凍結すべきなのか、放棄すべきなのか、という三択問題の選択となる。

〈経営改善計画遂行の体制〉

この項目では取締役のフォーメーションについて説明する。

何らかの問題があった取締役がいた場合は簡単である。当該取締役を退任させ新たに任命することで対応する、というものである。

そうでなかった場合は苦心することとなる。すなわち、業績悪化が顕在化しても、なお特段の対処をせずビジネスモデルを再構築しなければならなくなった場合である。「現体制で頑張ります」と言っても納得感は得られない。

しかし、現体制で行かざるを得ないのであれば、次の方法がある。新たな会議体を設置し当該会議体での議事録を銀行に公開するなどして、どのようなフォローアップをしているかをガラス張りにする体制を構築するのである。場合によっては当該会議体に銀行にも参加してもらい、その場で指導してもらうよう要請しても良い。現実的には銀行が経営指導をすることは難しい。しかし、何度も述べるが、建前上、銀行は企業を育成する責務がある。「ご指導いただきたい」と企業が言っているのを断る理由はないのである。

とは言え、あくまで新たなマネジメントを入れるか、経験豊富なコンサルなど第三者のアドバイスを受けることが本筋であることを念頭に置いていただきたい。


（数値計画）

計画期間で記載した年限のＢＳ、ＰＬ、ＣＦを記載する。

しかし、単に数字だけが記載されているだけでは銀行には縦計、横計を合わせる程度しか分析する術がない。「**なぜ、業績がこのようになるか**」という詳細な説明を付して、数値計画の根拠を定性的に説明した方が良い。数値計画の背景をリアルな絵姿として示すことによって、実現可能性を感じさせる必要があるからである。

定性的な説明がなく右肩上がりの数値計画があれば、必ず「**数値計画の根拠**」を問われることになるし、最悪は勝手に右肩下がりに修正されて、ネガティブな評価を受ける可能性すらある。

【金融機関への支援ご依頼事項】

(返済計画)

シニア・ローンの返済計画を記載する。約定返済は機械的に記載すればよいが、適宜不動産を売却するなどして、任意返済を行う場合は少々骨が折れる。任意返済の売却額の根拠を問われるからである。

説得力のある数字は**不動産鑑定評価**である。不動産鑑定評価は実態バランスを算定する際にも取得していることがある。そのときに、「通常売却価格」と「早期売却価格」を鑑定してもらうよう依頼しておくとよい。「通常売却価格」より「早期売却価格」の方が低く算出される。不動産売却による任意返済は「早期売却価格」により算出すると保守的な印象を持たれるので、多くの場合容認される。

（具体的な支援ご依頼内容）

リ・スケジュールやＤＤＳ、ＤＥＳなど具体的な金融支援の依頼内容を記載する。

（その他のご依頼事項）

計画期間中に、運転資金調達が必要となる場合もある。その場合は既存借入の返済計画とは別枠で支援を依頼することがある。予め経営改善計画書内で謳っておく趣旨である。

本項目で運転資金支援を謳っておいたところで銀行側は支援をコミットするわけではない。しかし、実際に資金需要が発生し銀行が稟議を書く際に、「**経営改善計画書に記載の通り、別枠で支援する**」という体裁が採れることの意義は大きい（※注14）。

あくまで担当支店は企業の味方なのである。企業の味方たる担当支店とし

（※注14）経営改善計画書に「別枠で支援を要請していること」を記載していても、必ず別枠で支援することを銀行側がコミットしたわけではないことに留意が必要である。

ては、審査所幹部に対して「**経営改善計画書を承認した以上、運転資金支援は当然である**」というロジックがあると格段に通しやすくなるのである。

【経営改善計画の管理方法】

少なくとも3カ月に一回は銀行団に対して、業績の状況を説明することが求められる。試算表と資金繰り表、借入残高推移表などの資料を提出するのではなく、上場企業の決算説明資料をイメージしていただくと良い。

「**何をしてどうなったか?**」という定性的な情報を提供することに注力していただきたい。銀行は夢のような話には関心がない。「**経営改善計画書が計画通り遂行できているかどうか**」「**できていないのであれば、対処をどのようにするか**」という議論を求めているのである。それはすなわち担当支店が審査所幹部に報告すべきイシューなのである。

【個別承諾事項・コベナンツ】

〈個別承諾事項〉

何らかの行動を起こす際に、銀行に対して個別に承認を得る事項を列挙する。

本来は会社法や金商法など法に従い行動することが許されているわけであるが、金融支援を受ける以上は銀行に対しても私的に約束する趣旨で記載する。具体的には、事業譲渡、大株主の変更、取締役の変更、第三者に対する債務保証などが挙げられる。

ただし、企業の行動を縛る約束は極力少ないほうが良い。銀行団と相談の上、記載事項を決定すれば良い。

（コベナンツ）

コベナンツに抵触した場合は、期限の利益の請求喪失事由に該当するため、基本的には記載しない方が良い。ただし、何らかのコベナンツを求められた場合、「計画期間中に元利金の返済ができなくなったとき」など、極めて当然の事由を記載することで了解を得るよう努力したい。

ただし、コベナンツがあろうとなかろうと、営業利益、当期利益段階で数値計画が2期連続80％未満の達成率だった場合は、銀行内部で問題視されることとなる。「そもそもの計画が厳し過ぎたのではないか」、すなわち「金融支援をすべきではなかったのではないか」などである。

数値計画達成率が80％未満だった際には、より一層3カ月ごとの銀行宛報告書類の重要性が高まることは言うまでもない。

むすび

筆者は銀行員時代も含めると20数年間、規模の大小を問わず数多くの経営者やファイナンス担当者とともにファイナンス業務に従事してきた。

筆者が関与した案件がすべてうまくいくわけではなく、関与したクライアントがすべて成功するわけでもなかった。筆者の会社が危機に瀕したこともある。そんなときに不確実性に対峙することの意味を痛切に感じた。不確実性に対峙するとき、利益のみを追い求めてはならず、利益の最大化と損失の最小化を同時に実現するための施策が財務戦略でありファイナンス業務の役割である。ファイナンス業務が役割を果たすことは企業の存続と発展につながるのである。

しかし、ファイナンス業務に従事する者にとってもう一つ重要なことがある。それは「謙虚であること」である。ファイナンス業務に従事する者は重要なポストに就いていることが多い。確かに全体を俯瞰する立場であり経営をオペレーションしている立場とも言える。

ところが、ファイナンス業務そのものは投資と調達のさや抜きをマネジメントしているに過ぎず、新たな付加価値を創出することはない。実際に付加価値を生む力を持っているのは研究開発、生産、販売など現場に関与している人たちである。これら付加価値を創出してくれる人たちがいるから企業は発展し社会も発展するのである。

確かに、ファイナンスの力は重要で大きい。しかし、金融機関が主役の世の中であってはならないように、企業においてもファイナンス業務が主役であってはならないということを筆者は忘れないようにしたい。

最後になったが、本書出版に尽力してくださった方々に御礼申し上げたい。

株式会社ディールクリエイションの西村陽子氏と平井理代氏には多忙な業務の傍ら筆者の原稿をたびたびチェックしてもらい数多くの尽力をいただいた。ここに御礼申し上げたい。

また、総合法令出版株式会社編集部の田所陽一氏には遅々として筆の進まない筆者に粘り強くお付き合いいただき出版まで導いてくださった。ここに御礼申し上げたい。

なお、会社経営の傍ら教鞭もとっている筆者にとって本書執筆に与えられた時間は自ずと平日深夜や休日に限られた。そのしわ寄せはもっぱら妻および娘、息子にいくこととなった。本書は我が家族に感謝を込めて捧げるものとしたい。

平成28年7月

中西　哲

【著者紹介】

中西 哲（なかにし・てつ）

株式会社ディールクリエイション　代表取締役
博士（経営管理学）
兵庫県出身。同志社大学文学部社会学科卒、立教大学大学院ビジネスデザイン研究科修士課程及び博士後期課程修了、修士（経営学）・博士（経営管理学）取得。1993年富士銀行入行。厚木・京都各支店を経て業務渉外部調査役。みずほコーポレート銀行金融・公共法人企画部、シンジケーション・ビジネスユニット各調査役を経て、2006年3月退職。同時に、中堅企業向け財務コンサルティングを目的に株式会社ディールクリエイションを設立し、代表取締役社長に就任。財務戦略構築支援、デットIR、M&A業務に従事。新潟大学大学院及び江戸川大学において、金融経済及び戦略投資の非常勤講師も務める。著書に『キャッシュマネジメント入門』（2013年、共著、東洋経済新報社）、論文に『キャッシュ・コンバージョン・サイクルの決定要因』（2012年、立教大学博士論文）など。著書、論文、学会報告多数。日本ファイナンス学会、日本マネジメント学会、日本財務管理学会、日本経営会計学会、日本経営分析学会、等各正会員

株式会社ディールクリエイション
〒100-0006　東京都千代田区有楽町1-2-12 ダイハツ有楽町ビル8階
TEL　03-3500-4808
URL　http://www.dealcreation.co.jp/

本書をお読みいただいたご感想やご要望、ご質問は、下記までお寄せください。
tetsu.nakanishi@dealcreation.co.jp

ファイナンス業務エッセンシャルズ
～財務戦略の形成と実践～

2016年8月2日　初版発行

編　者　中西 哲
発行者　野村直克
発行所　総合法令出版株式会社
〒103-0001　東京都中央区日本橋小伝馬町15-18
ユニゾ小伝馬町ビル9階
電話 03-5623-5121
印刷・製本　中央精版印刷株式会社

ISBN 978-4-86280-511-9
総合法令出版ホームページ　http://www.horei.com/